깨어나십시오!
깨달음의 영성

ANTHONY DE MELLO, S.J.
AWARENESS
A. de Mello Spirituality Conference in His Own Words

Edited by J. Francis Stroud, S.J.
Copyright © 1990 by Center for Spiritual Exchange
This translation published by arrangement with Doubleday,
a division of Random House, Inc.
All rights reserved

Translated by Sang-Jun KIM
Korean Translation Copyright © 2005 by Benedict Press, Waegwan, Korea
Korean translation rights arranged with The Doubleday Broadway Publishing Group
through Eric Yang Agency

깨어나십시오
1993년 8월 초판
2005년 3월 신정판(11쇄)
2024년 7월 27쇄
옮긴이 · 김상준
펴낸이 · 박현동
펴낸곳 · 성 베네딕도회 왜관수도원 ⓒ 분도출판사
찍은곳 · 분도인쇄소
등록 · 1962년 5월 7일 라15호
04606 서울시 중구 장충단로 188(분도출판사 편집부)
39889 경북 칠곡군 왜관읍 관문로 61(분도인쇄소)
분도출판사 · 전화 02-2266-3605 · 팩스 02-2271-3605
분도인쇄소 · 전화 054-970-2400 · 팩스 054-971-0179
www.bundobook.co.kr
ISBN 978-89-419-0508-0 03200

이 책의 한국어판 저작권은 에릭양 에이전시를 통한
The Doubleday Broadway Publishing Group사와의 독점 계약으로 분도출판사가 소유합니다.
저작권법에 의해 한국 내에서 보호를 받는 저작물이므로
무단 전재와 무단 복제를 금합니다.

깨달음의 영성

깨어 나십시오

앤소니 드 멜로 지음 / 김상준 옮김

분도출판사

□ 머리말 □

우연히 친구들 속에서 토니 드 멜로에게 자기 일의 성격에 대해 몇 마디 말해 보라고 청한 적이 있습니다. 토니는 일어서더니 한 이야기를 들려주었습니다. 나중에 그의 강화講話에서 되풀이되곤 한 이야기인데, 그의 저서 『새들의 노래』[1]에도 실려 있지요. 놀랍게도 토니는 이 이야기를 나에게 적용시켜 말하였습니다.

> 어떤 사람이 독수리 알을 발견하여 자기 집 뒤뜰 닭장 안에 갖다 놓았더니, 독수리 새끼가 다른 한배 병아리와 함께 알을 까고 함께 자랐다.
> 일생 내내 이 독수리는 닭이 하는 짓을 하며 스스로 닭이라고만 여겼다. 땅바닥을 긁어 벌레를 잡아먹고, 꼬꼬

---

[1] *The Song of the Bird*: 이 책의 우리말 번역서는 『종교 박람회』라는 이름으로 나와 있다 (정한교 옮김, 분도출판사 1983년 초판). 이야기의 본문은 1992년 8쇄 156-7쪽에서 옮겨 실었다(이하의 모든 각주는 역자가 달았다).

댁·꼬끼오 소리를 내며, 날개를 푸드덕거려 공중으로 두어 자씩만 날곤 했다 — 닭이란 그런 모양으로 날게 돼 있으니까. 그렇게 날아야 닭다울 테니까.

세월이 가고, 독수리는 매우 늙었다. 어느 날 무심코 쳐다보니, 멀리 구름 한 점 없는 하늘에 큼직한 새가 떠돌고 있었다 — 튼튼한 금빛 날개를 좀처럼 퍼덕이는 일조차 없이 세찬 바람결 속에서 우아하고도 위풍당당하게.

늙은 독수리는 경외심에 차서 쳐다보며 이웃 닭에게 물었다. "저분이 누구지?"

"저분은 새들의 왕이신 독수리님이야." 이웃 닭이 말했다. "하지만 딴 생각일랑은 말라고. 너나 나나 그분과는 달라."

이리하여 독수리는 아예 딴 생각일랑 하지 않았고, 끝까지 자기는 닭이라고만 여기다가 죽었다.

놀랍다고? 솔직히 처음에는 모욕을 느꼈습니다! 토니가 나를 공개적으로 닭에 비유한 걸까? 어떤 의미에서는 그렇지만 그렇지도 않아. 모욕? 결코 아니지. 그것은 토니의 방식이 아니거든. 토니가 나와 친구들에게 해 주려는 말인즉, 자기가 보기에는 내가 날아오를 수 있는 높이를 알지 못하는 "금빛 독수리" 같다는 얘기로군. 나는 이 이야기를 통해서 인간의 깊이를 이해하게 되었고 토니 드 멜로가 항상 진실을 말할 때 인간에 대해 가지는 진정한 애정과 존경심을 알게 되었습니다. 인간의 위대한 실상을 일깨우는 것이야말로 토니의 일이 전적으로 관심을 기울이는 분야였습니다. 우리가 자신과 남들에게 빛이 됨을 이해하고 우리는 우리가 알고 있는 것보다 더 훌륭함을 아는 "깨달음"의 메시지를 선포하는 데 진력하는 사람이 토니 드 멜로였습니다.

이 책에는 훨훨 날아다니는 토니가 담겨 있습니다. 활기찬 대화와 상통의 분위기를 유지하면서 듣는 이의 마음에 생기를 불어넣는 여러 주제들이 다루어지고 있습니다.

살아 있는 말들의 혼을 유지한 채로, 또 청중의 반응에 대응하는 즉응성을 보존한 채로 활자화를 하는 일이 토니의 사후에 내가 직면한 소임이었습니다. 조지 맥콜리, 조언 브래디, 존 컬킨 그리고 일일이 열거하기에는 너무 많은 사람들로부터 놀라운 지원을 받은 덕분에, 토니가 실제로 사람들과 통교하며 보낸 박진하고 유쾌하며 자극적인 시간들이 이 책 속에서 살아 있게 되었습니다.

책을 즐기십시오. 토니의 말들이 여러분의 혼에 스며들게 하고, 토니가 권하곤 한 대로, 마음으로 귀를 기울이십시오. 토니의 이야기들을 듣고 있노라면 여러분 자신의 이야기를 듣게 될 것입니다. 나는 이제 여러분이 홀로 토니 — 영적 안내자 — 와 함께 있도록 하고자 하거니와, 여러분은 평생의 벗을 만날 것입니다.

뉴욕 브롱크스 포담 대학
드 멜로 영성 연구소
프랜시스 스트라우드

□ 차 례 □

11	깨어남
14	내가 여러분에게 도움을?
18	이기심
20	무엇을 원하나?
22	심리학 이야기를?
27	포기도 해결은 아니다
29	듣고 다시 배우라
33	자비의 허상
43	여러분의 마음에는 무엇이?
48	행운
50	타인에 대한 환상
55	자기 관찰
57	매사를 평가하지 않는 깨달음
65	보상에 대한 환상
67	나는 누구냐?
71	"나"를 벗겨라
76	타인에 대한 부정적 감정
80	의존
84	행복은 어디서 오나?
92	두려움 — 공격성의 뿌리

8

94	깨달음과 현실 접촉
96	좋은 종교 — 깨닫지 못함의 정반대
107	딱지들
109	행복의 장애
114	지혜에 이르는 네 단계
121	세상이 문제는 아니다
124	몽유병
128	변화하려는 욕심
136	변화된 사람
141	침묵
147	자기부정
151	영속적 가치
154	편애가 아닌 욕구
157	매달리는 환상들
162	끌어안는 기억들
169	구체화
179	그런 게 아니다
183	문화적 조건화
188	여과되는 현실
194	초연함

199 덤으로 주어지는 사랑
202 말, 말, 말
204 자각 못한 사실
208 무저항
209 위험한 것들
212 나의 죽음
214 통찰과 이해
219 밀어붙이지 말라
221 현실 자각
223 적절한 표상들
225 사랑에 대해 무슨 말을?
227 자제력 상실
230 삶에 귀 기울이라
233 분석의 한계
236 죽음과 삶
240 사랑의 세계

깨어남

영성이란 깨어남을 뜻합니다. 대부분의 사람들은 그런 줄도 모르긴 하지만 잠들어 있습니다. 잠든 채 태어나고 잠든 채 살며, 잠 속에서 혼인하고 잠 속에서 자녀를 낳으며, 깨어나 본 적이라곤 없이 잠 속에서 죽습니다. 우리가 인간이라고 부르는 것의 사랑스러움과 아름다움을 이해하는 일이 없습니다. 아시다시피 모든 신비가들이 — 가톨릭이든 그리스도인이든 비그리스도인이든, 그들의 신학이 무엇이고 종교가 무엇이든 — 한 가지 것에 이구동성으로 동의합니다. 즉, 모든 것이 좋다, 모든 것이 좋다는 것입니다. 비록 매사가 뒤죽박죽이더라도 모든 것이 좋다고 합니다. 확실히 이상한 역설이죠. 그러나 슬프게도 대부분의 사람들은 잠들어 있기 때문에 모든 것이 좋다는 것을 이해하는 일이 없습니다. 악몽을 꾸고 있는 겁니다.

작년에 스페인의 텔레비전에서 한 신사 이야기를 본 일이 있는데, 이 점잖은 어른이 아들의 방에 가서 문을 두드립니다. "얘야, 일어나거라!" "일어나고 싶지 않아요, 아버지." 아버지가 소리칩니다. "일어나. 학교 가야지." "학교에 가고 싶지 않아요." "왜 싫어?" "세 가지 이유 때문에요. 첫째 거긴 너무 시시하고, 둘째 아이들이 성가시고, 셋째 전 학교가 싫어요." 그러자 아버지가 말씀하십니다. "그래, 그럼 난 네가 왜 **반드시** 학교에 가야 하는지 세 가지 이유를 말해 주마. 첫째, 그건 네 의무고, 둘째, 네 나이가 마흔다섯 살이고,

셋째, 넌 교장이기 때문이다." 일어나십시오. 잠을 깨십시오! 여러분은 어른들입니다. 잠들어 있기에는 너무 컸습니다. 깨어나십시오! 장난감 놀일랑 이젠 그만두십시오.

대부분의 사람들이 유치원에서 나오고 싶다고들 하지만 믿지 마십시오. 믿지 마세요! 그들이 원하는 전부는 부서진 장난감들을 고쳐 달라는 겁니다. "내 아내 돌려 달라. 내 직업 돌려 달라. 내 돈 돌려 달라. 내 명성, 내 성공 돌려 달라." 이게 그들이 원하는 겁니다. 장난감들을 되찾아 놓으려는 거죠. 그게 다예요. 최고의 심리학자도 사람들은 치료받기를 진정으로 원하지 않는다고 말할 것입니다. 사람들이 원하는 건 안도하는 겁니다. 치유란 고통스런 법이니까.

아시다시피 잠에서 깨어난다는 건 즐겁지 않죠. 침대에 누워 있을 때가 기분 좋고 안락하죠. 깨워진다는 건 짜증스런 노릇이죠. 이 때문에 지혜로운 구루(힌두교 스승)는 사람들을 깨우려 하지 않습니다. 나도 이 점에서 현명한 태도를 취하게 되기를 바랍니다. 여러분이 잠들어 있더라도 결코 억지로 깨우려 들지는 않으렵니다. 내가 때때로 "깨어나십시오!"라고 말한다 할지라도 실은 그게 내가 할 일은 전혀 아닙니다. 내 본분은 내 일을 하는 것이고 내 춤을 추는 것입니다. 만일 여러분이 거기서 득을 본다면 좋은 일입니다. 만일 그렇지 못하다면 매우 애석한 일이고요. 아랍인들 말마따나 "비는 모두 똑같지만 풀밭의 가시나무가 자라게도 하고 정원의 꽃이 자라게도 한다" 그거죠.

내가 여러분에게 도움을?

누군가를 내가 도우려 한다고 생각하십니까? 아닙니다! 절대, 절대로. 내가 여러분 누구에게라도 도움이 되리라고는 기대하지 마십시오. 또 누구에게 손해를 끼치리라고도 생각지 않습니다. 만일 손해를 입는다면 여러분이 그러는 겁니다. 만일 도움을 받는다면 여러분이 그러는 겁니다. 진실로 여러분이 그렇게 하시는 겁니다! 사람들이 도와주리라고 생각하십니까? 그런 일은 없을 겁니다. 지원해 주리라고 생각하십니까? 그럴 리가 없습니다.

내가 이끌던 한 치료 그룹에 한 여자가 있었습니다. 수녀님이었는데 이런 말을 하더군요. "전 웃어른의 지원을 느낄 수가 없어요." "무슨 말씀이신지?" "우리 관구장 수녀님 말예요. 내가 맡고 있는 수련원을 찾아오시는 일이 없어요. 단 한 번도. 칭찬 말씀도 결코 하질 않으세요." 나는 수녀님에게 말했습니다. "좋습니다. 역할 맡기[2]를 좀 해 봅시다. 내가 수녀님의 웃어른을 잘 안다고 가정하죠. 정확히 말해서 그분이 수녀님에 대해 생각하고 계신 걸 내가 다 알고 있다고. 그럼, 내가 (관구장 역할을 하면서) 수녀님에게 말합니다. '아시지요, 마리아 수녀님, 내가 수녀님의 수련원에 가지 않는 이유는

---

[2] role playing: 개인 치료나 집단 치료에서 내담자가 드러나지 않은 자신의 감정이나 그릇된 생각을 알게 하고 그것이 다른 사람과의 관계 형성에 어떤 영향을 미치는지를 깨닫게 하기 위해 주로 치료자가 내담자에게 중요한 인물의 역할을 해 보는 심리 치료법.

그곳이 우리 관구에서 문제가 없는 곳이기 때문예요. 수녀님이 맡고 있으니 모든 게 잘 되고 있다는 걸 난 알아요.' 자, 이제 어떻습니까?" 수녀님은 "기분이 썩 좋네요"라고 말했습니다. "좋습니다. 그럼 잠깐만 방에서 나가 계시겠습니까? 이것도 치료 과정입니다." 수녀님은 그렇게 했고, 그동안 나는 치료 그룹의 다른 사람들에게 말했습니다. "난 아직도 관구장예요, 아시겠죠? 밖에 있는 마리아 수녀는 내가 이제껏 우리 관구에서 겪어 본 수련 지도자 중 가장 형편없어요. 실상 내가 수련원에 가지 않는 이유는 그 수녀가 하는 일을 참고 볼 수가 없어서예요. 정말 지독하거든요. 그렇다고 사실대로 말하면 수련자들만 더욱 괴롭힐 뿐이겠고, 해서 우리는 일이 년 안에 사람을 바꾸려고 해요. 다른 사람을 준비시키고 있는데, 그동안은 그 수녀를 그대로 두고 좋은 말만 하기로 했죠. 여러분은 어떻게 생각하세요?" 대답은 "글쎄요, 그런 사정에서라면 그게 현실적으로 취할 수 있는 유일한 행동이겠죠"라는 것이었습니다. 그러자 나는 마리아 수녀님을 다시 합석시켰고 여전히 기분이 좋으냐고 물었습니다. "네, 그럼요." 가엾은 마리아! 사실은 그렇지 않은데도 자기가 지지를 받고 있다고 생각한 겁니다. 요점인즉, 우리는 사람들의 도움을 받는 일을 포함해서 우리가 느끼고 생각하는 것 대부분을 우리 자신을 위해 우리 머릿속에 떠오르게 한다는 것입니다.

여러분은 누군가를 사랑하고 있기 때문에 돕는다고 생각하십니까? 글쎄요, 들려 드릴 새 소식이 있습니다. 여러분은 결코 아무도 사랑하고 있지 않습니다. 그 사람에 대한 편견과 기대라는 관념을 사랑하고 있는 겁니다. 잠시 이 점에 대해 생각해 보십시오. 나는 결코 누구도 사랑하고 있지 않다. 그 사람에 대한 나 자신의 편견과 기대라는 관념을 사랑하고 있다. 그처럼 여러분은 사랑과 동떨어져 있는 게 아닙니까? 관념은 변하잖아요? "나는 너를 그처럼 신뢰했건만 넌 어떻게 나를 그처럼 실망시킬 수 있느냐?" 하지만 정말 신뢰했나요? 누구도 결코 신뢰한 게 아니죠. 쓸데없는 소리! 그런 것은 사회의 세뇌인 겁니다. 여러분은 결코 누구도 신뢰하지 않습니다. 오로지 그 사람에 대한 자신의 판단을 신뢰할 따름입니다. 그렇다면 무얼 불평합니까? 사실인즉 여러분은 "내 판단이 형편없었다"고 말하기를 좋아하지 않는다는 겁니다. 그렇게 말한다는 건 썩 유쾌하지 않은 일이겠죠? 그래서 "네가 어떻게 나를 실망시킬 수 있느냐?"고 말하기를 더 좋아하는 겁니다.

결국 이렇습니다. 사람들은 성장하기를 진실로 원하는 게 아닙니다. 달라지기를 진실로 원하지 않습니다. 행복하기를 진실로 원하지 않습니다. 어떤 분이 내게 현명하게 이런 말을 해 준 것과 같은 얘기죠. "사람들을 행복하게 만들려 하지 마세요. 골치 아프게만 될 테니까. 돼지에게 노래를 가르치려 하지 마세요. 시간 낭비고, 돼지를 화나게나 만들 테니까." 술집에 들어가 앉아서, 귓속에 바나나를 꽂고 있는 사람을 본 어느 사업가 얘기와도 같습니다. 귀에다 바나나를 꽂고 있다니! 그는 생각합니다. "저 사람에게 사실을 말해 줄까 말까. 아니야, 내가 관여할 바 아니지." 그러나 그 생각이 자꾸 그를 괴롭힙니다. 그래서 한두 잔 마신 후에 말을 겁니다. "실례합니다. 저, 귀에 바나나가 꽂혀 있군요." "뭐라고요?" "당신 귀에 바나나가 꽂혔다고요." "뭐라고요?" 상인은 소리칩니다. "당신은 귀에다 바나나를 꽂고 있어요." "더 크게 말씀하세요. 난 귀에 바나나를 꽂고 있거든요."

그러니 부질없는 일이죠. "포기해, 포기해, 포기하라구." 나는 나 자신에게 이렇게 말합니다. 너의 일을 말하고 여기서 나가거라. 그래서 득을 보는 사람이 있다면 좋은 일이고, 그렇지 못하다면 유감이지만 어쩔 수 없지!

이기심

나로서는, 만일 여러분이 진정으로 깨어나고자 한다면, 여러분이 아셨으면 하는 첫째 사실인즉 여러분은 깨어나기를 원하지 않는다는 것입니다. 깨어나기 위한 첫 단계는 깨어나기를 원치 않는다는 것을 인정할 만큼 솔직해지는 것입니다. 여러분은 행복해지기를 원치 않습니다. 조그만 실험을 해 볼까요? 딱 일 분이면 됩니다. 그동안 눈을 감을 수도 있겠고 또는 뜬 채로 있을 수도 있겠습니다. 실제로 그건 문제가 안 됩니다. 여러분이 매우 사랑하는 사람, 친한 사람, 소중한 사람을 생각해 보십시오. 그리고 마음속으로 그 사람에게 말해 보십시오. "나는 너보다는 행복을 가지는 편이 더 낫다." 이제 어떤 일이 일어나는지 보십시오. "나는 너를 가지기보다는 행복해지는 것이 더 낫다. 한 가지만 선택해야 한다면 두말할 나위도 없이 나는 행복을 택하겠다." 이렇게 말할 때 여러분 가운데 이기심을 느끼는 분들이 얼마나 될까요? 많겠죠. 보십시오. 우리는 지금 얼마나 세뇌되어 있는 겁니까? "내가 어떻게 그처럼 이기적일 수 있었지?" 싶을 만큼 우리는 세뇌되어 있는 겁니다. 그런데 누가 또 이기적으로 되어 가고 있는지를 눈여겨보십시오. 여러분이 생각한 그 사람이 **여러분**에게 이렇게 말한다고 상상해 보십시오. "나보다는 행복을 택하겠다니 넌 어쩌면 그처럼 이기적일 수 있느냐?" 그러면 여러분은 이렇게 응수해 주고 싶어지지 않습니까? "용서해. 하지만 너는 얼마나 이기적이길래 **네**가 나더러 내 행복보다는 너를 택하라고 그처럼 요구하느냐?!"

  어떤 여자분에게서 들은 얘긴데, 어렸을 적에 예수회 회원 친척 한 분이 밀워키에 있는 예수회 교회에서 피정을 지도했더랍니다. 그런데 그분은 강론마다 이런 말로 시작하더랍니다. "사랑의 시험 기준은 희생이고 사랑의 측정 기준은 이타심이다." 멋들어진 말이죠! 나는 그녀에게 물었습니다. "부인은 내가 나의 행복을 희생하여 당신을 사랑하기를 원하시겠습니까?" "예." 그거 참 멋진 일 아니겠습니까? **그녀는 그녀의** 행복을 희생하여 나를 사랑하겠고 **나는 나의** 행복을 희생하여 **그녀를** 사랑하겠고, 그래서 불행한 사람 **둘**이 생겨나겠지만, **사랑 만세!**

무엇을 원하나?

우리가 행복해지기를 원치 않고 다른 것들을 원한다고 아까 말했는데, 혹은 좀 더 정확히 말할 수도 있겠죠. 우리는 조건 없이 행복하기를 원치 않습니다. 내가 이러저러한 것을 소유할 여건을 **상정해 놓고서** 행복을 기대하는 겁니다. 사실상 그건 우리의 친구나 우리의 하느님, 혹은 어느 누구에게라도 "너는 나의 행복이다. **만일 내가 너를 가지지 못한다면** 나는 행복해지기를 거부한다"라는 얘기가 되는 겁니다. 이 점을 이해한다는 건 대단히 중요합니다. 우리는 단서가 붙지 않은 행복을 상상할 수가 없습니다. 매우 꼬집어 지적해서 그게 사실입니다. 우리는 조건 없이 행복해지기를 상상할 수가 없는 겁니다. 그러한 조건들에다가 우리의 행복을 걸도록 길들여져 있는 겁니다.

그러니 깨어나기를 원한다면 첫째로 그 점을 깨달을 필요가 있습니다. 사랑하기를 원한다면, 자유를 원한다면, 기쁨과 평화와 영성을 원한다면 말입니다. 그런 의미에서 영성이란 세상에서 가장 실제적인 것입니다. 나는 영성을 — 경건도 헌신도 종교도 예배도 아닌 바로 영성을 — "깨어남"이라고 정의해 왔습니다마는, 누구든지 이 영성보다 더 실제적인 것을 생각할 수 있는 사람이 있다면 나와 보라고 나는 도전합니다. 우리는 도처에서 비탄을 보고, 고독을 보고, 두려움을 보고, 혼란을 보고, 사람들 마음속의 갈등을, 내적 갈등과 외적 갈등을 봅니다. 누군가가 여러분에게 그 모든 것을 제거할 한 가지 방도를 제시해 주었다고 상정해 봅시다. 이런 갈등과 혼란으로 인한 에너지와 건강과 정서의 엄청난 손실을 막을 방도를 마련해 주었다고. 우리가 서로를 진정으로 사랑하고 평화를 누리며 사랑 안에서 살 수 있는 길을 보여 주었다고. 그보다도 더 실제적인 것을 생각할 수 있겠습니까? 그러나 그 대신, 큰 사업이 더 실제적이다, 정치가 더 실제적이다, 과학이 더 실제적이다, 그렇게 생각하는 사람들이 있어요. **우리**가 땅 위에서 살 수 없을진대 한 사람을 달 위에 올려놓아서 도대체 무슨 소용이랴 그거죠.

심리학 이야기를?

심리학이 영성보다 더 실제적일까요? 어떤 것도 영성보다 더 실제적인 건 없습니다. 가엾은 심리학자가 무얼 할 수 있을까요? 억압을 해방시킬 수 있을 뿐입니다. 나도 내 딴에는 심리학자고 심리 치료를 하고 있는데, 때때로 심리학과 영성 중에서 선택을 해야 할 때 내적으로 큰 갈등을 느낍니다. 여기 계신 어느 분에게 그게 이해될 수 있을지요? 나는 여러 해 동안 이해가 되지 않았습니다.

설명을 하지요. 여러 해 동안 나는 이해가 되지 않다가 문득, 사람들은 한 관계에서 **충분히** 고통을 겪은 나머지 **모든** 관계에서 환상을 깨뜨리게 되어야 한다는 걸 깨달았습니다. 생각하기조차 끔찍한 일 아닙니까? 깨어나서 "이젠 지겹다! 남에게 의지해 살기보다 더 낫게 사는 길이 분명히 있을 것이다"라고 말하기 전에 한 관계에서 **충분히** 고통을 겪어야 하는 겁니다. 나는 심리 치료사로서 무엇을 하고 있었을까요? 사람들은 인간관계 문제, 의사 전달 문제 등을 가지고 나를 찾아오고 있었는데 내가 더러는 도움이 되기도 했습니다. 그러나 때로는, 말하기 민망하지만, 도움을 주지 못했습니다. 그들에게 준 것이 그들을 여전히 잠들어 있게 했기 때문이죠. 아마도 그들이 **좀 더** 괴로움을 겪어야 했던 거죠. 아마도 마음 밑바닥을 건드리며 "**모든** 게 넌더리가 난다"고까지 말하게끔 되어야 했던 거죠. 그렇게 말하게 되는 경우는 오로지 자기가 벗어나겠다는 병이 지겨울 때입니다. 대부분의 사람들은 안도하기 위해서 정신과 의사나 심리학자를 찾습니다. 거듭 말하지만, 안도하려는 겁니다. 거기서 벗어나려는 게 아닙니다.

정신 지체아라고들 했던 쟈니라는 어린이 이야기가 있습니다. 들어 보시면 알겠지만 명백히 정신 지체아가 아니었죠. 쟈니가 다니는 특수학교의 모방 학급[3]에서 찰흙 빚기 시간에 일어난 일입니다. 쟈니는 찰흙덩이를 들고 교실 한구석에 가서 만지작거리며 놀고 있습니다. 여선생님이 다가와서 "안녕, 쟈니" 합니다. "안녕." 쟈니도 대답합니다. "손에 가진 게 뭐지?" "쇠똥 덩어리예요." "그걸로 뭘 만드니?" "어떤 선생님을 만들고 있어요."

"퇴행이구나." 여선생님은 이렇게 생각했고, 그래서 마침 문 옆을 지나가던 교장 선생님을 불러 말씀드립니다. "쟈니에게 퇴행 징후가 있어요."

그래서 교장 선생님도 쟈니에게 다가갑니다. "안녕, 친구." "안녕." "손에 든 게 뭐지?" "쇠똥요." "그걸로 뭘 만드니?" "어떤 교장 선생님요."

교장 선생님은 학교 심리학자에게 의뢰해야 할 사례라고 판단합

---

[3] modeling class: 획득해야 할 바람직한 행동을 보여 주는 실제적이거나 상징적인 본보기를 제공하여 모방과 관찰을 통해 소기의 행동을 학습하도록 교육하는 학급.

니다. "상담 선생님을 부르세요!"

　상담 선생은 영리한 친구였습니다. "안녕." "안녕." "난 네 손에 있는 게 뭔지 알지." "뭔데요?" "쇠똥." "맞아요." "그걸로 무얼 만드는지도 알지." "뭔데요?" "어떤 상담 선생님을 만드는 거지?" "틀렸어요. 그럴려면 쇠똥이 모자라요!" 그래서 선생님들은 쟈니를 일컬어 정신 지체아라고 했습니다!

　가엾은 심리학자들, 그들은 좋은 직업에 종사하고 있습니다. 사실 심리 치료가 참으로 도움이 될 때가 있죠. 사람이 제정신이 아니고 헛소리를 하며 미치는 지경에 이를 때면 바야흐로 정신병자 아니면 신비가가 되려는 때입니다. 그런 증상은 정신이상자와 정반대인 신비가에게 나타나는 것이기도 하거든요. 깨어났을 때의 표지 한 가지를 아십니까? "내가 미쳤는가, 아니면 모두들 미친 것인가?" 스스로 묻는 겁니다. 사실이 그렇습니다. 사실 우리는 미친 겁니다. 온 세상이 미쳤어요. 영락없는 미치광이들이죠. 우리가 정신 병동에 갇히지 않은 단 한 가지 이유는 우리 같은 사람이 너무 많기 때문입니다. 그처럼 많이들 미친 겁니다. 우리는 사랑에 대한, 인간관계, 행복, 기쁨, 그 밖의 모든 것에 대한 미친 관념들에 의지해 살고 있습니다. 누구나가 어떤 것에 동의한다 하더라도 그것이 틀렸다고 확신할 수도 있을 지경에까지 우리는 미쳤다고 나는 믿게 되었습니다![4]

모든 새로운 생각, 모든 위대한 생각이 처음에는 한 사람인 소수파 안에서 시작되었습니다. 예수 그리스도라는 그분이 한 사람인 소수파였습니다. 모두가 그분과는 달리 말하고 있었습니다. 부처님도 한 사람인 소수파였습니다. 누구나가 그분과는 달리 말하고 있었습니다. "모든 위대한 생각의 출발은 신에 대한 불경"이라고 말한 사람은 버트란드 러셀이던가요? 적절한 좋은 지적입니다. 여러분들은 요 며칠 동안 많은 신성모독의 말들을 듣고 있습니다. "그가 신성모독을 했습니다!"[5] 사람들이 미쳐 있고 정신이상자들이며 이 점을 빨리 깨달을수록 정신과 영성의 건강에 좋기 때문입니다. 사람들을 믿지 마십시오. 가장 친한 친구들도 믿지 마세요. 환상을 깨십시오. 그들은 매우 영리합니다. 마치 **여러분**이 — 아마 그런 줄도 모르겠지만 — 다른 모든 이를 대하는 것처럼 말입니다. 아, 여러분이야 참 꾀 많고 민감하고 영리하지요. 지금 위대한 실천을 하고 있으니까요.

내가 지금 너무 아부하는 건 아닐까요? 아무튼 되풀이하겠습니

---

[4] 정신분열(schizophrenia)은 곧 인격의 분열로서 내가 여럿의 나로 분열되는 것이다. 마르 5,9에서도 미친 청년은 주님의 물음에 "제 이름은 군단입니다. 저희 수가 많기 때문입니다"라고 답한다. "나"를 군단이라 하고 "저희"와 혼동하는 것이다. 그러나 여기서는 우리가 실재에 대한 헛된 상들을 실재로 착각하고 사는 것을 부각시키고자 미쳤다는 것이다.

[5] 예수께서 최고의회에서 심문받으실 때 대제관이 한 말(마태 26,65 참조).

다. 여러분은 깨어나기를 원합니다. 위대한 실천을 하고 있습니다. 그리고 그런 사실을 모르기조차 합니다. 여러분은 무척 사랑받고 있다고 생각합니다. 아, 여러분도 누굴 사랑하고 있습니까? 여러분 자신의 희생도 여러분에게 흐뭇한 느낌을 주지요? "나는 나 자신을 희생하고 있다! 나는 내 이상에 맞게 살고 있다!" 그러나 여러분은 거기서 무언가를 **빼내고** 있지 않습니까? 여러분이 깨어나기까지는 여러분이 행하는 매사에서 항상 무언가를 **빼내고** 있는 겁니다.

그래서 첫걸음은 이것입니다. 여러분이 깨어나기를 원치 않는다는 사실을 자각하십시오. 오래된 신문 조각을 백만 달러 수표라고 생각하는 최면에 빠져 있을 때는 깨어나기가 매우 어렵습니다. 여러분 자신을 오래된 신문 조각에서 떼어 놓기란 얼마나 어려운지 모릅니다.

포기도 해결은 아니다

포기를 실천할 때마다 여러분은 속고 있습니다. 사실은 속고 있어요! 무엇을 포기합니까? 무언가 포기한다면 으레 그것에 영영 매입니다. 인도의 한 구루가 이런 말을 합디다. "한 매춘부는 내게 올 때마다 신에 대한 말만 해요. 자기 삶이 지겹다고. 자기는 신을 원한다고. 그런데 한 사제는 내게 올 때마다 섹스에 대해서만 말하더군요." 매우 좋은 지적입니다. 무언가를 포기할 때 줄곧 집착합니다. 무엇과 싸울 때 계속 매입니다. 싸우는 한 그것에 힘을 부여하는 겁니다. 싸우는 그만큼 힘을 주는 겁니다.

공산주의나 그 밖의 모든 것이 이러합니다. 싸우면서 강화하기 때문에 그 악령들을 "맞아들일" 수밖에 없는 겁니다. 무언가를 포기할 때 매이게 됩니다. 그것을 몰아내는 유일한 방법은 꿰뚫어 보는 것입니다. 포기할 것이 아니라 **꿰뚫어 보십시오**. 그 실제 가치를 이해하면 포기할 필요도 없이 떨어져 나갈 것입니다. 그러나 물론 그것을 간파하지 못하고 이러저러한 것 없이는 행복하지 못하리라는 생각에 빠진다면 꼼짝할 수가 없는 겁니다. 여기서 우리가 여러분을 위해 할 일은 소위 영성의 실천이라고들 여기고 있는 것, 즉 자신을 희생하거나 물질을 포기하는 일을 권하는 그런 것이 아닙니다. 그런 것은 필요 없습니다. 여러분은 여전히 잠들어 있습니다. 우리가 해야 할 일은 여러분이 이해하도록, 이해하도록, 이해하도록 돕는 것입니다. 만일 이해한다면, 달리 말해서 만일 깨어난다면, 애착하는 것에 대한 욕망을 간단히 떨쳐 버리게 될 것입니다.

듣고 다시 배우라

우리 중 어떤 이들은 삶의 가혹한 현실로 인해 깨어납니다. 너무 고통을 받아서 깨어나는 겁니다. 그러나 사람들은 거듭 다시 삶에 부대껴 들어가고 있습니다. 여전히 몽유병을 앓고 있습니다. 결코 깨어나지 않습니다. 비참하게도 달리 방도라 할 만한 것, 더 나은 길이라 할 만한 것이 생겨나는 일이 없습니다. 그런데도 만일 **여러분**이 삶에 충분히 부대끼지 않았다면, 그래서 충분히 고통 받지 않았다면, 또 다른 길이 있습니다. **듣는** 것입니다. 내가 말하는 것에 반드시 여러분이 동의해야 한다는 뜻은 아닙니다. 그렇다면 그건 듣는 것이 아닐 테니까요. 정말입니다, 내가 말하는 것에 여러분이 동의하느냐 않느냐는 정녕 문제 되지 않습니다. 찬성과 반대란 말과 개념과 이론에 관계된 겁니다. 진리와는 무관합니다. 진리란 결코 말로 표현되는 게 아닙니다. 진리란 어떤 확실한 태도의 결과로서 갑자기 발견되는 겁니다. 여러분은 나와 달리 생각하면서 진리를 볼 수도 있겠죠. 그러나 거기에는 개방된 태도, 어떤 새로운 것을 발견하려는 의지가 있어야 합니다. 나와의 일치나 불일치가 아니라 그게 중요합니다. 결국, 내가 여러분에게 제시하는 것 대부분은 사실상 이론들입니다. 어떠한 이론도 적절히 현실을 떠맡을 수는 없습니다. 그러니 나는 여러분에게 진리가 아닌, 진리에 대한 장애를 이야기할 수 있을 따름입니다. 내가 설명할 수 있는 것은 그런 것들입니다. 나는 진리를 설명할 수 없습니다. 누구도 그럴 수 없습니다. 내가 할 수 있는 모든 것은 여러분의 어리석음을 설명해 드리고 그래서 여러분이 그 어리석음을 떨쳐 버릴 수 있게 하는 것입니다. 내가 여러분을 위해 할 수 있는 전부는 여러분을 불행하게 하는 여러분의 신념이나 신념 체계에 도전하는 것입니다. 내가 여러분을 위해 할 수 있는 모든 것은 바로 여러분이 "다시 배우도록" 돕는 것입니다. 배울 것은 영성이란 무엇과 관계된 것인지에 대한 것이 전부입니다. 다시 배우는 겁니다. 가르침 받은 거의 모든 것을 버리고 다시 배우는 겁니다. 다시 배우려는 의지, 들으려는 자발성이 중요합니다.

대부분의 사람들이 그런 것처럼, 여러분은 이미 생각하고 있는 것을 확인하기 위해 듣고 있습니까? 내가 말할 때 여러분의 반응을 살펴보십시오. 자주 깜짝 놀라 충격을 받거나 화가 나거나 불쾌하고 불만스러워지겠죠. 아니면 "멋져!"라고 외치게 되겠죠.

여러분은 이미 생각하는 것을 확인해 주기를 바라며 듣고 있습니까? 아니면 무언가 새로운 것을 찾기 위해 듣고 있습니까? 이것은 중요합니다. 자고 있는 사람들에게는 어렵습니다. 예수께서는 복음을 선포하셨지만 배척당하셨습니다. 복음이 복된 탓이 아니라 새로웠기 때문입니다. 우리는 새로운 것을 싫어합니다. 미워합니다! 이 사실을 빨리 직시할수록 좋습니다. 우리는 새것을 원치 않습니다.

특히 그것이 방해가 될 때, 특히 그것이 변화를 내포할 때 그렇습니다. 무엇보다도 "자기부정"을 내포한다면 더욱 그렇습니다. 여든일곱 살 노인이신 한 예수 회원을 스페인에서 만났던 일이 기억납니다. 이미 삼사십 년 전에 인도에서 나를 가르치신 교수님이자 신학교의 학장이신데, 그분도 이런 워크숍에 참석 중이셨습니다. "난 육십 년 전에 자네 이야기를 들어야 했어. 자넨 무언가 알고 있군. 난 평생을 잘못 살았어" 하시더군요. 아이고, 이게 무슨 말씀인고! 세상의 한 경이로운 일을 바라보는 것과 같구나. 신사 숙녀 여러분, 그것이 **신앙**입니다! 진리에 대한 개방, 그 결과가 무엇이든 그것이 자신을 어디로 인도하든 상관하지 않는, 자신이 어디로 인도되고 있는지도 모른 채 마음을 여는 것, 그것이 신앙입니다. 신념이 아니라 신앙입니다. 신념은 많은 안정을 제공하지만 신앙은 불안정합니다. 모르고 있습니다. 따를 준비가 되어 있고 열려 있습니다. 활짝 열려 있습니다! 그런데 명심하십시오, 개방은 잘 속아 넘어가는 것을 뜻하지 않습니다. 내가 하는 말을 경솔히 믿는 것을 뜻하지 않습니다. 아니고말고요. 내가 하는 모든 말에 도전하십시오. 그러나 완고한 태도가 아닌 개방적인 태도로 도전하십시오. 그리고 모든 것에 도전하십시오. 부처님의 저 아름다운 말씀을 상기합시다. "승려와 학자들은 내 말을 존경심에서 받아들여서는 안 되며, 금세공이 금을 깎고

닦고 문지르고 녹여서 다루듯이 뜯어보아야 하느니라."

그렇게 할 때 듣는 것입니다. 깨달음을 향한 중요한 단계를 거친 것입니다. 첫 단계는 이미 말한 대로 여러분이 깨어나기를 원치 않는다는 것, 행복해지기를 원치 않는다는 것을 인정하는 자세였습니다. 내면에 온갖 저항이 있는 것입니다. 둘째 단계는 이해하고 듣고 자신의 신념 체계 전체에 도전할 태세의 단계입니다. 단지 종교적 신념, 정치적 신념, 사회적 신념, 심리학적 신념만이 아니라, 그 모든 것에 대한 도전 말입니다. 부처님의 비유처럼 그 모두를 재평가하는 자세를 뜻합니다. 나는 이곳에서 여러분이 그렇게 할 기회를 많이 드리도록 하겠습니다.

자비의 허상

자비란 실상 이타주의의 탈을 쓴 자기 관심입니다. 선을 행한다면서도 사실은 진정으로 애정이나 신뢰심을 가지려는 것은 아닌 때가 있을 수 있다는 점을 인정하기가 매우 어렵다지요. 그 점을 단순화시켜 봅시다. 되도록 단순하게, 적어도 처음에는 퉁명스럽고 극단적이게까지 이야기해 보죠. 이기심에는 두 가지 유형이 있습니다. 첫째 유형은 나 자신을 즐겁게 하는 즐거움을 나 자신에게 주는 경우입니다. 이것이 일반적으로 우리가 자기중심이라고 부르는 것이죠. 둘째 유형은 남들을 기쁘게 하는 즐거움을 나 자신에게 주는 경우입니다. 이것은 더 세련된 종류의 이기심이겠습니다.

첫째 유형은 매우 명백하지만 둘째 유형은 매우 은밀합니다. 그래서 더 위험합니다. 자기가 정말 훌륭한 줄로 느끼니까요. 아마 결국 우리 모두가 다 그리 훌륭하지는 않을 겁니다. 내가 이런 말을 하면 여러분은 반발하시겠죠. 좋습니다!

부인, 당신은 홀몸으로 사시면서 사제관에 가서 여러 시간을 봉사하신다고요. 그러나 또한 사실은 한 가지 이기적인 이유로 — 자신이 필요한 사람이 될 필요가 있어서 — 그렇게 하고 있다는 걸 인정하신다고요. 그리고 또한 자신이 세계에 조그만 기여를 하고 있는 것처럼 느끼게 하는 방법으로 필요한 사람이 될 필요가 있다는 것도 알고 계시고요. 그러나 부인은 사람들도 부인이 그렇게 하는 것을 필요로 하기에 그렇게 하고 있노라고 또한 주장하십니다. 두 갈래 길이 난 셈이군요.

　부인은 거의 깨치셨습니다그려. 우리는 부인에게서 배웠습니다. 여러분, 이 부인의 생각은 옳습니다. "나는 무언가를 주고 무언가를 얻는다"고 부인은 말하고 있는 겁니다. 옳은 말입니다. 나는 도와주러 가서 무언가를 주고 무언가를 얻노라는 겁니다. 아름다운 일입니다. 진실이고 사실입니다. 자선이 아닙니다. 깨친 자기 관심인 겁니다.

　그리고 선생, 당신은 예수의 복음이 궁극적으로는 자기 관심의 복음이라고 지적하시는군요. 우리는 선행에 의해 영생을 얻는다고. "내 아버지의 축복을 받은 사람들아, 오너라. 너희는 내가 굶주렸을 때에 내게 먹을 것을 주었다" 등등. 선생은 바로 이 말씀이 선생의 생각을 전적으로 확증한다고 하십니다. 예수를 바라보노라면 그분의 자비로운 행동들이란 영생을 위해 영혼들을 설복하시려는 궁극적인 자기 관심 행동들이었다는 걸 알 수 있다고. 그리고 선생이 보시기에는 자비의 행동에 의한 자기 관심의 성취야말로 삶의 전적인 추진력이자 의미라고.

　글쎄요, 그런데 선생은 여기에 종교를 끌어들였기 때문에 좀 속임수를 부리고 있는 셈이군요. 말씀인즉 정당합니다. 타당한 말씀입니다. 하지만 내가 만일 복음을, 성서를, 예수를 그런 식으로 다뤄서 이 피정을 **끝까지** 이끌어 간다면 어떻게 될까요? 이제 이 점을 두고 말을 하자니 이야기가 더욱 복잡해지겠지만, "너희는 내가 굶주렸을 때에 내게 먹을 것을 주었고, 내가 목말랐을 때에 내게 마시게 해주었다"라는 말씀에 대답은 무엇입니까? "저희가 언제 그랬습니까? 저희는 몰랐습니다" 그러죠. 그들은 알아채지 못했던 겁니다! 나는 가끔 소름 끼치는 장면을 상상해 보곤 합니다. "너희는 내가 굶주렸을 때에 내게 먹을 것을 주었다"는 임금님의 말씀에 오른편 사람들이 "맞습니다. 주님, 우리도 **알고** 있습니다"라고 대답하고, 그러자 임금님이 "나는 너희들에게 말하는 게 아니다. 성서에는 그렇게 기록되어 있지 않다. 너희가 그걸 알고 있는 것으로 되어 있지 않다"고 말씀하시는 그런 장면 말입니다. 흥미롭지 않습니까? **당신**은 그걸 알고 있습니다. 자선을 하는 동안 맛본 내적 기쁨을 알고 있죠. 아하! 옳거니! 그런데 그건 "내가 한 일이 뭐 그리 대단할까? 난 뭔가를 했고 뭔가를 얻었지. 선행을 하노라는 생각은 전혀 없었어. 왼손은 오른손이 하는 일을 몰랐거든" 하는 사람과는 반대지요. 선행을 하노라는 자각이 전혀 없는 선행만큼 좋은 선행은 없는 겁니다. 자신이 선하다는 의식이 전혀 없을 때만큼 사람이 선한 적은 없는 겁니다. 혹은 훌륭한 수피교의 말씀대로 "성자란 자신이 성자임을 알기까지 성자"인 겁니다. 무자의식! 무자의식!

여러분 중 몇 분은 이에 반대합니다. "내가 주는 데서 받는 기쁨, 그게 바로 지금 여기서 영생이 아니냐?"고. 나는 모르겠습니다. 나는 기쁨을, 더는 말하지 않고 그저 기쁨을 일컬을 뿐입니다. 당분간은, 적어도 우리가 나중에 종교에 대해 이야기하기까지는 그렇습니다. 그렇지만 나는 여러분이 처음부터 한 가지를 올바로 이해하시기 바랍니다. 즉, 종교가 반드시 영성과 결합되어 있지는 않다는 — 반복합니다, 그렇지 **않다**는 — 겁니다. 당분간은 여기서 종교를 배제해 주십시오.

글쎄요, 다른 사람들을 구하기 위해 수류탄을 자기 몸으로 덮은 병사의 경우는 어떠냐고요? 베이루트에서 다이너마이트를 가득 실은 트럭을 몰고 미군 진영으로 돌진한 사람의 경우는 어떻습니까? "이보다 더 큰 사랑을 가진 사람은 없다." 그러나 미국인들은 그렇게 생각지 않죠. 그 사람은 의도적으로 그 일을 했습니다. 무서운 사람 아닙니까? 그러나 그는 그렇게 생각 안 했겠죠. 그럼요, 천당에 갈 것으로 생각했죠. 맞습니다. 수류탄 위로 쓰러진 그 병사와 꼭 마찬가지로.

깨어 있고 자기가 행하는 것이 자기를 통해서 이루어지는 그런 몰아적인 행동을 나는 묘사해 보려 합니다. 그런 경우 그 행위는 우발

적입니다. "그대로 내게 이루어지기를" 받아들이는 거죠. 내가 그걸 배제하지는 않는 거죠. 그러나 **여러분**이 그런 행위를 할 때 나는 이 기심을 탐색하려 합니다. "나는 위대한 영웅으로 기억되겠지"라거나 "내가 이것을 행하지 않고서는 결코 살 수 없겠지. 피한다는 생각을 가지고는 못 살겠지"라는 그런 것만이라도. 그러나 잊지 마십시오, 나는 다른 종류의 행동을 배제하려는 게 아닙니다. 나는 몰아적인 행동이란 아예 없다고 말하지 않았습니다. 아마 있겠죠. 우리는 그런 것을 찾아 나서야겠죠. 한 아이를 구하는 — **자기** 아이를 구하는 — 어머니를 이야기하시는군요. 그러나 이웃의 아이를 구하지 않는 건 어떻게 되나요? 그 아이는 **그녀의** 아이죠. 죽은 그 병사도 **자기** 나라를 위해 죽었죠. 그런 많은 죽음들이 나를 괴롭힙니다. "세뇌의 결과일까?"라고 자문하는 겁니다. 순교자들도 나를 괴롭힙니다. 흔히 세뇌되었다고 생각하는 겁니다. 회교 순교자들, 힌두교 순교자들, 불교 순교자들, 그리스도교 순교자들, 그들은 모두 세뇌되었구나!

그들은 머릿속에 죽어야 한다는, 죽는다는 건 위대한 일이라는 생각을 담고 있었습니다. 거리낌도 없이 곧장 행동했습니다. 그들 모두가 세뇌되었다는 말은 아닙니다. 오해는 마십시오, **모두**가 그랬다는 말은 아니지만 그럴 가능성을 배제하지는 않겠다는 겁니다. 많은 공산주의자들이 세뇌를 받습니다(여러분은 그렇게 믿을 준비가 되어 있죠). 철저히 세뇌되었기에 죽을 각오가 되어 있습니다. 우리가 예컨대 성 프란치스코 사베리오 같은 사람을 낳는 과정은 테러 분자 양성 과정과 같을 수도 있겠다는 생각을 나는 가끔 혼자서 하게 됩니다. 한 달 동안 피정에 들어갔다가 그리스도에 대한 사랑으로 불타오르며 나오면서도 자기에 대한 깨달음이라고는 조금도 없는 사람도 있을 수 있습니다. 전혀. 큰 골칫덩어리일 수도 있죠. 자기가 위대한 성인이라고 생각하거든요. 프란치스코 사베리오를 중상하려는 건 아닙니다. 그분은 아마 위대한 성인이었겠지만 더불어 살기에는 까다로운 사람이었죠. 역사적으로 조사해 보면 아시다시피 고약한 장상이었던 게 사실이죠! 이분이 아량이 없어서 초래한 나쁜 결과들을 이냐시오는 항상 바로잡아야 했습니다. 프란치스코 사베리오처럼 무슨 일을 이루어 내려면 무척 아량이 없을 필요가 있죠. 아무리 많은 사람들이 길가에 쓰러져 죽더라도 상관없이 전진, 전진, 전진, 전진! 프란치스코 사베리오에 대한 비판들이 더러 정확히 그 점을 주장하고 있는 겁니다. 그분은 우리 예수회에서 사람들을 내쫓곤 했는데, 그들이 이냐시오에게 호소하면 이냐시오는 "로마로 오십시오. 그 문제에 대해 이야기해 봅시다" 하고는 내밀히 그들을 다시 받아들이곤 했던 겁니다. 이런 상황에서는 자기에 대한 깨달음이 얼마나 자리 잡고 있었을까요? 우리가 누구를 판단해야 할지 우리는 모릅니다.

순수한 동기 같은 것이란 전혀 없다는 말이 아닙니다. 보통으로는 우리가 행하는 모든 것이 우리의 자기 관심에 따른 것이라는 말입니다. 모든 행동이 그래요. 그리스도에 대한 사랑 때문에 무엇을 할 때 그것은 이기심일까요? 그렇습니다. 누구에 대한 사랑 때문에 무엇을 할 때 그것은 자기 관심에 따른 것입니다. 그 점을 나는 설명해야겠습니다.

여러분이 우연히 피닉스에서 살게 되고 하루에 오백 명이 넘는 아이들을 부양하게 되었다고 가정해 보십시오. 그런 일이 여러분에게 호감을 주겠습니까? 아니면 혐오감을 주겠습니까? 사실 때로는 혐오감을 주죠. 그런데 그건 **혐오감을 가지지 않아도 되려고** 그런 일을 하는 사람들이 더러 있기 때문입니다. 그들은 **그것을** 자선이라고 부릅니다. 죄책감에서 그런 일을 합니다. 그건 사랑이 아니죠. 그러나 다행히도 사람들을 위해 그런 일을 하고 그것이 기쁨이 되죠. 놀랍습니다! **자기 관심**이 있는 사람은 그렇기 때문에 건강한 개인입니다. 그것은 건강한 것입니다.

이타적인 자선에 대해 말한 바를 요약해 봅시다. 이기심의 두 가지 유형이 있다고 했습니다. 어쩌면 세 가지겠군요. 첫째는 내가 무엇을 행하는 때, 아니 내가 나 자신을 즐겁게 하는 즐거움을 나 자신에게 주는 때입니다. 둘째는 내가 남들을 즐겁게 하는 즐거움을 나 자신에게 주는 때입니다. 그걸 자랑스럽게 여기지는 마십시오. 스스로 훌륭한 사람이라고 생각지 마십시오. 매우 평범한 사람이지만 세련된 취미를 가지게 된 겁니다. 아이 적에는 코카 콜라를 좋아했고, 이제는 어른이 되어 더운 날이면 찬 맥주를 즐기는 겁니다. 더 나은 미각을 갖춘 거죠. 아이였을 때는 초콜릿을 즐겼지만 이제 나이가 들어 교향곡을 즐기고 시를 즐기는 겁니다. 취미가 더 고상해진 거죠. 그러나 기쁨을 추구하는 건 마찬가지입니다. 지금은 남을 즐겁게 하는 기쁨인 것을 제외하고는 말예요. 그다음 셋째로 최악의 유형이 있는데, 혐오감을 느끼지 않으려고 선을 행하는 때입니다. 그것이 실은 호감을 주지 않는 겁니다. 혐오감을 주는 거죠. 그걸 싫어하는 거죠. 사랑의 희생을 하면서도 투덜거리고 있는 겁니다. 여러분이 이런 식으로 선을 행하고 있지는 않은 줄로 생각한다면 여러분은 자신에 대해 얼마나 모르고 있는지 모릅니다.

만일 나에게 싫은 일을 내가 했을 때마다 일 달러씩이 생겼다면 난 아마 지금쯤 백만장자가 되었을 겁니다. 왜 그런지 여러분은 아시죠. "신부님, 오늘 밤 면담할 수 있습니까?" "예, 들어오십시오!" 나는 그를 만나기를 원치 않고 그 사람이 싫습니다. 오늘 밤엔 저 텔레비전 쇼를 보고 싶은데, 하지만 그렇다고 문전 박대를 할 수야 있나? 거절할 용기가 없는 거죠. "들어오십시오" 하고 나서는 "아이고, 꼼짝없이 이 고통을 감수해야겠구나" 하는 겁니다.

그를 만나기가 내키지 않고 그렇다고 거절하기도 꺼림해서 나는 둘 중에서 덜 나쁜 쪽을 골라 "좋습니다. 들어오십시오" 하고는, 이 일이 끝나면 행복해지겠고 억지 미소를 지을 수밖에 없겠지만 면담을 시작합니다. "어떠십니까?" "아주 좋습니다, 신부님." 그는 워크숍이 퍽 즐겁다는 얘기만 계속 늘어놓습니다. "아이고, 이분이 언제나 본론을 이야기하시려나?" 마침내 그가 본론을 이야기하게 되고, 나는 은근히 비꼬는 말로 "뭐, 그런 문제라면 어떤 바보라도 해결할 수 있겠죠" 하며 그를 내보내고는 "아휴! 이제 벗어났구나" 합니다. 이튿날 아침 식사 때 나는 (내가 너무 무례했다고 느껴서) 다가가 "잘 쉬셨습니까?" 하고 인사를 건넵니다. 그러면 그는 "아주 잘 잤습니다" 하면서 덧붙입니다. "어젯밤에 해 주신 이야기 정말 유익했습니다. 점심 후에 다시 만나 뵐 수 있을까요?" 맙소사!

나쁜 느낌을 가지지 않으려고 무언가를 할 때야말로 가장 나쁜 종류의 선행입니다. 혼자 있고 싶다고 말할 용기가 없는 겁니다. 좋은 성직자라고 생각해 주기를 바라는 거죠! 누가 "난 사람들에게 상처 주기를 좋아하지 않소" 하면 나는 "집어치워요! 난 당신을 믿지 않소" 합니다. 남에게 상처 입히기를 좋아하지 않는다는 사람을 나는 믿지 않습니다. 우리는 사람들에게, 특히 어떤 사람들에게는 상처 주기를 좋아합니다. 매우 좋아해요. 또 누군가가 남에게 상처를 주고 있으면 기뻐합니다. 그러나 상처받기는 원치 않습니다! **자신**이 속상할 테니까. 아, 그렇죠. 우리가 상처를 입히면 남들이 우리에 대해 나쁜 견해를 가질 테니까. 우리를 싫어하고 비난하게 될 테니까. 우리는 바로 그게 싫은 겁니다.

여러분의 마음에는 무엇이?

삶은 잔치입니다. 비극은 대부분의 사람들이 굶어 죽고 있다는 것입니다. 그것이 내가 진실로 이야기하려는 것입니다. 적절한 예화로, 브라질 해안 먼 곳에서 뗏목 위에 몸을 의지한 채 갈증으로 죽어 가던 사람들 이야기가 있습니다. 그들은 자기들이 그 위에서 표류하고 있던 그 물이 맑은 물이라는 생각을 전혀 못했습니다. 강물이 워낙 거세게 흘러 나와서 바다에서도 이 마일에나 걸쳐 계속 흐르고 있었고, 그래서 그들이 떠 있던 바로 거기도 맑은 물이 있었는데도 말이죠. 마찬가지로 우리는 기쁨과 행복과 사랑에 둘러싸여 있으면서도 대부분이 전혀 의식하지 못합니다. 그 이유는 세뇌되었기 때문입니다. 최면에 걸려 있기 때문입니다. 잠들어 있기 때문입니다. 무대에서 마술사가 어떤 사람에게 최면을 걸어 그가 거기 없는 것을 보고 있다는 사실을 보지 못하게 되는 걸 상상해 보십시오. 바로 그와 같습니다. 회개하고 기쁜 소식을 받아들이십시오. 회개하십시오! 깨어나십시오! 여러분의 죄에 대해 울지 마십시오. 왜 잠들어 있을 때 지은 죄 때문에 웁니까? 왜 최면 상태에서 행한 것 때문에 울어요? 왜 최면 걸린 사람으로 자처해요? 깨어나십시오! 깨어나십시오! 회개하십시오! 새로운 마음으로 갈아입으십시오. 사물을 새로이 바라보십시오! 사실 "그 나라는 여기 있습니다!" 이 사실을 진지하게 받아들이는 그리스도인은 드뭅니다. 필요한 첫째 것은 깨어나는 것, 깨어나기를 좋아하지 않는다는 사실을 직시하는 것이라고 나는 말했습니다. 여러분은 매우 가치 있고 중요하다고, 여러분의 삶과 생존에 요긴하다고 믿도록 최면된 온갖 것들을 가지고 있는 겁니다. 필요한 둘째 것은 이해입니다. 여러분은 대개 그릇된 생각들을 지녔는데, 그 생각들이 여러분의 삶에 영향을 끼치고 있고 여러분의 삶을 현재처럼 혼란스럽게 하고 있으며 여러분이 계속 잠들어 있게 하는 것들임을 이해하십시오. 사랑에 대한, 자유에 대한, 행복에 대한 생각 같은 것들이 그러합니다. 그리고 여러분에게 그토록 소중해진 그런 생각들에 도전하려는 사람의 말에 귀 기울이기란 쉽지 않습니다.

세뇌에 대하여 더러 재미있는 연구들이 있습니다. 자기 것이 아닌 남의 어떤 관념을 취하여 자기 안에 "투입"할 때 세뇌되는 것으로 드러났습니다. 게다가 그런 관념을 위해 죽을 각오도 되어 있다니 희한하지 않습니까? 세뇌되어 자기 안에 확신과 신념을 투입했는지에 대한 첫째 검증은 그런 관념들이 공격당하는 순간에 일어납니다. 깜짝 놀라며 감정적으로 반응하는 겁니다. 그것은 세뇌의 썩 좋은 ― 틀림없지는 않지만 썩 좋은 ― 표지가 됩니다. 결코 자기 것이 아닌 어떤 관념을 위해 죽을 준비가 되어 있는 겁니다. 테러 분자들이나 (소위) 성인들은 어떤 관념을 받아들여 통째로 삼켜서 그걸 위해 죽기도 불사합니다. 남의 이야기를 듣는다는 건 쉽지 않습니다. 특히 어떤 관념에 대해 감정적일 때 그렇습니다. 감정적이 아닐 때라도 듣기란 쉽지 않습니다. 으레 미리 설계된 견지에서, 조건지어진 처지에서, 최면 상태에서 듣죠. 자주 매사를 최면 상태나 조건화 또는 설계화의 한계 내에서 해석하죠. 농학 강의를 듣던 한 여학생이 "저, 교수님, 가장 좋은 거름은 늙은 말 거름이라는 말씀에 전적으로 공감해요. 그런데요, 말이 몇 살이 되면 그런 최적의 거름이 되는지 말씀해 주시겠어요?" 하는 것과 같습니다. 보십시오, 그 여학생은 어디서 시작하고 있는 겁니까? 우리는 모두 자기 위치가 있잖아요? 그리고 그 위치에서 듣는 겁니다. "헨리, 너 엄청나게 변했구나! 키가 퍽 컸었는데 무척 작아졌구나. 몸도 매우 건강했는데 아주 약해졌고 표정도 제법 밝았는데 몹시 어두워졌어. 대체 무슨 일이 생긴 거야, 헨리?" "난 헨리가 아냐. 존이야." "아니, 너 이름도 바꿨구나!" 그런 사람을 어떻게 듣게 하겠습니까?

세상에서 가장 어려운 일이 듣는 것, 보는 것입니다. 우리는 보기를 원치 않습니다. 자본주의자가 공산주의 체제의 장점을 보기 원할까요? 공산주의자가 자본주의 체제에서 어느 점이 좋고 건전한지 보고자 할까요? 부자가 가난뱅이를 보고 싶어 할까요? 우리는 보기를 원치 않습니다. 본다면 우리가 변할 테니까. 우리는 보기를 원치 않습니다. 본다면 퍽 불확실하게 붙들고 있는 삶에 대한 통제력을 상실할 테니까. 그래서 깨어나기 위해 가장 필요한 한 가지는 힘이 아닙니다. 체력이나 젊음이나 혹은 심지어 대단한 지력도 아닙니다. 무엇보다도 필요한 한 가지는 새로운 것을 배우려는 자세입니다. 깨어날 기회들은 회피하지 않고 받아들일 수 있는 진리의 양에 정비례합니다. 여러분은 받아들일 준비가 얼마나 되어 있습니까? 소중히 여기는 모든 것을 서슴없이 부수어 버릴 각오가 얼마나 되어 있습니까? 낯선 것에 대해 생각해 볼 태세가 얼마나 되어 있습니까?

첫째 반응은 일종의 두려움입니다. 모르는 것을 두려워하는 것이 아닙니다. 모르는 것을 두려워할 수는 없죠. 아무도 모르는 것을 두려워하지는 않죠. 진실로 두려워하는 건 아는 것들의 상실입니다. 그것이 두려운 겁니다.

나는 한 예를 들어서 우리가 행하는 매사가 이기심에 오염되어 있음을 지적했습니다. 듣기란 쉽지 않습니다. 그러나 이제 이에 대해 잠시 좀 더 깊이 생각해 봅시다. 만일 여러분이 행하는 매사가 — 깨닫고 있든 그렇지 않든 — 이기심에서 나오는 것이라면 여러분의 모든 자비와 선행에 대해 여러분은 어떻게 느끼게 될까요? 그 선행들은 어떻게 될까요? 여기서 간단한 실험을 해 보죠. 자신의 선행 모두를 또는 (생각할 여유를 몇 초만 드릴 테니까) 그 일부를 떠올려 보십시오. 그리고 이제, 그것들이 알게든 모르게든 참으로 이기심에서 나왔다고 생각해 보십시오. 여러분의 자부심에 어떤 변화가 생깁니까? 여러분의 허영은 어떻게 됩니까? 여러분이 자부한 흐뭇한 느낌, 퍽 자비로운 일을 행했다고 언제나 등을 다독거려 주던 그 느낌은 어떠합니까? 무미건조해지죠? 지독히 이기적이라고 생각했던 여러분의 이웃에 대한 멸시는 어떻습니까? 그 모든 게 변하죠? "하지만 내 이웃은 나보다 취향이 더 거칠다"고들 말하는데, 그런 사람은 더 위험한 사람입니다. 실제로 그렇습니다. 예수 그리스도는 그런 유형의 사람들보다는 다른 유형의 사람들과 오히려 마찰을 덜 빚으신 것 같습니다. 훨씬 덜. 그분은 자기가 선하다고 정녕 확신하는 사람들과 분쟁을 겪으셨습니다. 다른 유형의 사람들, 드러나게 이기적이고 또 그것을 알고 있던 그런 사람들은 그분에게 큰 근심을 드리지 않은 것 같습니다. 여러분은 그것이 얼마나 자유를 주는 것인지 이해할 수 있습니까? 자, 깨어나십시오. 그것은 자유를 주는 것입니다. 놀라운 것입니다. 우울함을 느낍니까? 아마 그럴 겁니다. 여러분이 이 세상 누구보다도 전혀 낫지 않다고 깨닫는다는 건 놀랍지 않습니까? 정말 경이롭지 않습니까? 실망됩니까? 우리가 무엇을 밝혀냈는지 보십시오. 여러분의 허영심은 어떻습니까? 여러분은 자기가 남들보다 낫다는 흐뭇한 기분을 가지고 싶을 겁니다. 그렇지만 우리가 오류를 밝혀냈음에 주목하십시오.

행 운

내가 보기에 이기심은 자기보존 본능에서 유래하는 것 같습니다. 그것은 우리의 가장 깊은 첫째 본능입니다. 우리가 어떻게 사심 없음을 선호할 수 있을까요? 그건 아무것도 선호하지 않는 것과 거의 같을 겁니다. 사심 없음이란 없는 것이나 마찬가지입니다. 그것이 무엇이든 이기적으로 되는 것을 나쁘게 느끼지 말라고 나는 말하겠습니다. 우리는 모두 마찬가지입니다. 언젠가 그리스도인도 아닌 누군가가 예수에 대해 기막히게 아름다운 이야깃거리를 가지고 있었습니다. "예수와 관련하여 아름다운 것은 그가 죄인들과 함께 그처럼 잘 지냈다는 것이다. 그는 자기가 그 죄인들보다 조금도 낫지 않다고 생각했던 것이다." 우리는 **우리가 무엇이냐**에서가 아니라 우리가 무엇을 행하거나 행하지 않느냐에서만 다른 사람들 — 예컨대 죄인들 — 과 다릅니다. 예수와 그 사람들 사이의 유일한 차이는, 예수는 깨어 있고 그들은 그렇지 않다는 것이었습니다. 복권에 당첨된 사람들을 보십시오. 일등에 당첨되었을 때 "나 자신을 위해서가 아니라 우리나라와 우리 사회를 위해 이 상을 받게 되어 자랑스럽다"고 말하는 사람이 있습니까? 아니죠. **행운**을 얻은 거죠. 재수가 좋았던 거죠. 운이 좋아 일등에 당첨된 건데 무슨 자랑거리가 있을까요?

마찬가지로, 만일 여러분이 깨달음을 이룬다면 여러분은 자기에 대한 관심에서 그랬을 것이고 운이 좋은 일일 것입니다. 그걸로 의

기양양해지겠습니까? 거기에 의기양양해질 일이 뭐가 있습니까? 선행에 자만한다는 것이 얼마나 어리석은지 이해 못하겠습니까? 바리사이는 악인이 아니었습니다. 어리석은 사람이었죠. 악한 것이 아니라 어리석었어요. 바리사이는 가만히 생각해 보지 않았던 겁니다. 언젠가 누군가가 말했습니다. "나는 곰곰이 생각해 볼 엄두를 못 낸다. 그랬다가는 어떻게 다시 시작할지 모를 테니까."

타인에 대한 환상

그러니 가만히 생각해 본다면 결국 매우 자랑할 것이란 아무것도 없다는 것을 알아볼 것입니다. 이것이 다른 사람들과의 관계에 어떤 영향을 주게 될까요? 여러분은 무엇에 대해 불평을 하고 있습니까? 어떤 젊은이는 자기 여자 친구에게 속아 넘어갔다고, 그녀가 거짓부리 장난질을 했다고 불평을 하더군요. 여러분은 무얼 불평합니까? 더 낫기를 기대했습니까? 최악을 기대하십시오. 여러분은 이기적인 사람들을 상대하고 있습니다. 넌 바보야, 넌 그녀를 찬미했잖아? 그녀가 공주인 줄로 생각했지. 여러분은 사람들을 좋은 사람들이라고 생각했습니다. 그렇지 않습니다! 좋은 사람들이 아닙니다. 여러분만큼 나쁜 사람들입니다. 이해하시겠습니까? 그들은 여러분처럼 잠들어 있습니다. 여러분은 그들이 무엇을 추구하고 있다고 보십니까? 여러분과 똑같이 자기 관심이죠. 전혀 다른 데가 없는 겁니다. 여러분이 다시는 환상을 품지 않고 다시는 실망하지 않는다면 얼마나 자유로워질지 상상할 수 있습니까? 다시는 속아 넘어가지 않을 겁니다. 다시는 배신감을 느끼지 않을 겁니다. 깨어나기를 원하십니까? 행복을 원하십니까? 자유를 원하십니까? 여기 길이 있습니다. 그릇된 관념들을 버리십시오. 사람들을 꿰뚫어 보십시오. 자기 자신을 꿰뚫어 보면 모든 사람을 꿰뚫어 보게 될 것입니다. 그러면 그들을 사랑하게 될 것입니다. 그렇지 않으면 그들에 대한 여러분의 잘못된 관념, 현실에 부딪쳐 항상 산산조각 나는 여러분의 환상과 씨름하느라고 온 시간을 허비할 것입니다.

깨달은 극소수를 제외하면 누구나가 이기적이고 거칠게든 세련되게든 자기 관심을 추구하고 있다고 **상정할** 수 있다는 걸 이해하기란 여러분 중 많은 이들에게 아마도 너무나 놀라운 일이겠죠. 그러나 이것은 실망하거나 환상을 품을 것이 없다는 걸 깨우쳐 줍니다. 만일 여러분이 줄곧 사실을 사실대로 접촉하고 있었다면 결코 실망하지 않았을 겁니다. 그러나 여러분은 사람들을 색칠하기를 선택했습니다. 여러분 자신을 꿰뚫어 보지 않기를 선택했기 때문에 사람들을 꿰뚫어 보지 않기를 선택한 겁니다. 그래서 그 대가를 지금 치르는 중입니다.

우리가 이것을 토론하기에 앞서 내가 한 가지 이야기를 들려 드리죠. 언젠가 어떤 분이 내게 "깨침이란 무엇과 같습니까? 깨달음이란 무엇과 같습니까?"하고 묻더군요. 그것은 밤을 지낼 곳을 찾고 있던 런던의 부랑자에 비길 수 있습니다. 빵 껍질도 못 먹은 그는 템스 강 둑에 도달합니다. 이슬비가 조금씩 내리고 있어서 누더기 외투를 덮어씁니다. 막 잠이 들려는데 자가용 운전사가 모는 롤스로이스 한 대가 갑자기 다가옵니다. 아름다운 아가씨가 차에서 내리더니 "가엾은 양반, 이 둑 위에서 밤을 지내실 생각인가요?" 합니다. 부랑자는 그렇다고 대답합니다. "그냥 내버려 둘 순 없어요. 우리 집에 가서 편안하게 밤을 지내세요. 좋은 식사도 하시고요." 기어이 그녀는 그를 차에 태웁니다. 그들은 런던을 벗어나 넓은 정원이 딸린 큰 저택에 당도합니다. 안내하던 집사에게 아가씨가 이릅니다. "제임스, 이 사람을 하인 숙소에 묵게 하고 대접을 잘해 주세요." 제임스는 그렇게 합니다. 젊은 숙녀는 옷을 벗고 잠자리에 들려다가 문득 그 밤의 손님이 생각납니다. 급히 무얼 좀 걸치고 복도를 따라 하인 숙소로 갑니다. 손님 방에서 불빛이 새어 나오는 것이 보입니다. 그녀는 조용히 방문을 두드리고는 문을 엽니다. 그리고 그가 깨어 있음을 압니다. "무슨 안 좋은 일이라도? 식사는 괜찮았나요?" "생전에 더 나은 음식을 먹어 본 적이 없습니다." "춥지는 않고요?" "아뇨, 침대가 아주 따뜻합니다." "그렇다면 아마 말벗이 필요하신가 보죠. 저 위로 좀 올라가시지 그래요." 그리고 그녀는 그에게 더 다가오고, 그는 둑 위로 움직이다가 곧바로 템스 강물 속으로 떨어져 버립니다.

하하! 이야기가 이렇게 될 줄은 몰랐죠? 깨달음! 깨달음! 깨어나십시오. 환상들을 현실과 바꿀 준비가 되어 있을 때, 꿈들을 사실과 바꿀 준비가 되어 있을 때 깨달음을 얻을 수 있습니다. 그때 삶은 마침내 의미 있어집니다. 아름다워집니다.

언덕 위의 성에서 살고 있던 라미레즈라는 노인 이야기가 있습니다. 하루는 그가 창 밖을 내다보고 있는데 — 마비된 채 침대에 누워서 말이죠 — 그의 원수가 언덕을 올라오는 게 보입니다. 그와 비슷한 나이인 그 원수가 지팡이에 의지한 채, 느릿느릿, 고통스럽게. 언덕을 오르는 데 두 시간 반이나 걸립니다. 그래도 마침 하인들이 쉬는 날이라 라미레즈는 아무 조치도 취할 수 없습니다. 원수는 문을 열고 곧장 침실로 들어와 외투 속에서 총을 꺼냅니다. "라미레즈, 드디어 우리가 셈을 치르게 되었군." 라미레즈는 안간힘을 쓰며 대답합니다. "왔는가 보르지아. 자넨 그럴 수가 없어. 알다시피 난 이제 자네를 학대하던 젊은 날의 내가 아닐세. 자네도 이제 그때의 젊은이가 아니고. 그만둬!" 원수는 말합니다. "안돼. 너의 감언으로 나의 신성한 사명이 중단될 수는 없어. 이건 내가 별러 온 복수고 넌 속수무책이야." "잠깐!" "뭐냐?" "난 일어날 수 있어." 그리고 일어났습니다. 라미네즈가 일어난 겁니다! 이와 비슷한 것이 깨달음입니다. 누군가가 "넌 속수무책이야" 하자 "잠깐, 나 일어날 수 있어" 하듯이 문득 악몽 같던 삶이 악몽이 아닌 겁니다. 일어나십시오!

어떤 사람이 한 가지 질문을 가지고 날 찾아왔습니다. 그 질문이 무엇인지 아십니까? "당신은 깨달았소?"였습니다. 내 대답은 무엇이었다고 생각하십니까? "그게 무슨 상관이오!"

좀 더 나은 답을 원하십니까? "내가 어떻게 알겠소? 당신이 어떻게 알겠소? 그게 무슨 상관이오?" 여러분은 무언가 알고 있나요? 만일 너무 열렬히 알고 싶어 한다면 크게 낭패하실 겁니다. 여러분은 어떤 다른 걸 알고 있나요? 만일 내가 깨달았고 내가 깨달았기 때문에 여러분이 내 말을 들었다면 크게 난처해지실 겁니다. 여러분은 깨달음을 얻은 사람에 의해 세뇌될 준비가 되어 있나요? 아시다시피 누구에 의해서라도 세뇌될 수 있죠. 누군가가 깨달음을 얻었든 그렇지 않든 무슨 상관입니까? 그러나 보십시오, 우리는 누군가에게 의지하기를 원하잖아요? 우리는 우리가 생각하기에 깨달음에 도달한 사람에게 의지하고 싶어 합니다. 남들이 깨달음에 도달했다는 이야기를 듣고 싶어 하죠. 그게 우리에게 희망을 주잖아요? 여러분은 무엇을 희망하고 싶나요? 그건 욕심의 또 다른 형태가 아닌가요?

여러분은 바로 지금 가진 것보다 더 나은 무언가를 희망하고 싶잖아요? 그렇지 않다면 희망하는 게 없는 셈이죠. 그런데 여러분은 그걸 어쨌든 바로 지금 가졌다는 사실을 잊고 있습니다. 그 점을 모르고 있습니다. 미래의 새 시대를 희망하는 대신 왜 현재에 집중하지 않습니까? 이미 가진 것을 잊고 미래를 희망하는 대신 왜 현재를 이해하지 않습니까? 미래란 그저 또 다른 덫에 지나지 않는 것 아닌지요 …?

자기 관찰

누군가가 여러분에게 도움이 될 수 있는 유일한 길은 여러분의 관념들에 도전하는 데 있습니다. 만일 여러분이 들을 준비가 되어 있다면, 그리고 도전받을 준비가 되어 있다면, **아무도 여러분을 도울 수 없고** 여러분만이 할 수 있는 것이 한 가지 있습니다. 가장 중요한 그것은 무엇이겠습니까? 자기 관찰이라는 것입니다. 거기서는 아무도 여러분을 도울 수 없습니다. 어떤 방법을 제공할 수도 없습니다. 어떤 기법을 제시할 수도 없습니다. 어떤 기법을 선택하는 순간 여러분은 또다시 조종되고 설계되는 겁니다. 자기 관찰 — 자신을 살피는 것 — 은 중요합니다. 그것은 자기 집중과는 다릅니다. 자기 집중이란 자기 몰두로서 이때는 자기 자신에 대해 염려하고 걱정하는 때입니다. 내가 말하려는 건 자기 **관찰**입니다. 그것은 무엇일까요? 자기 내면이나 주위에서 되도록 모든 걸 살펴보되 마치 다른 사람에게 일어나는 것처럼 살펴보는 걸 말합니다. 뒷말은 무슨 뜻일까요? 자기에게 일어나는 일을 의인화하지 않는다는 뜻입니다. 즉, 마치 자기와는 아무 관련이 없는 일처럼 그 일을 바라본다는 뜻입니다.

우울과 불안으로 고통 받는 이유는 자기가 그것들과 동일화하기 때문입니다. "나는 우울하다"고들 말합니다. 그러나 그건 틀린 말입니다. '내가 우울한 게 아닙니다. 정확히 표현하자면 "나는 지금 우울을 체험하고 있다"고 말할 수 있겠죠. "나는 우울하다"고는 좀처럼 말할 수 없습니다. 내가 나의 우울은 아닌 겁니다. 내가 나의 우울이라는 건 단지 마음의 야릇한 속임수, 일종의 야릇한 환상입니다. 내가 나의 우울이라고, 내가 나의 불안이라고, 내가 나의 기쁨이나 전율이라고 생각하도록 — 그러나 그 생각을 두려워하지는 않도록 — 여러분 자신이 현혹된 겁니다. "나는 기쁘다!" 할 때 분명히 내가 기쁨인 것은 아닙니다. 기쁨이 지금 내 안에 있더라도 이럭저럭 그 기쁨은 변할 겁니다. 기쁨은 영속하지 않습니다. 결코 지속되지 않습니다. 계속 변하죠. 항상 달라지죠. 구름이 끼었다 개었다 하는 것처럼. 검은 구름도 흰 구름도, 큰 구름도 있고 작은 구름도 있죠. 이 유비를 따르자면 나란 하늘인 셈입니다. 구름을 관찰하고 있는 하늘이죠. 수동적이고 초연한 관찰자인 겁니다. 내가 간섭하고 있지 않는 겁니다. 이건 특히 서구 문화에 젖은 사람에게는 충격적인 일이죠. 간섭하지 마십시오. 그 무엇이라도 "고착"시키지 마십시오. 살피십시오! 관찰하십시오!

사람들의 불행은 자기가 이해도 못하는 것들을 고착시키느라 바쁘다는 것입니다. 우리는 언제나 상태를 고착시키고 있지 않습니까? 상태는 고착될 필요가 없다는 걸 우리는 깨닫지 못하고 있습니다. 정말 그렇습니다. 이것은 중요한 규명입니다. 그 상태들을 이해할 필요가 있습니다. 이해하면 그것들은 변할 것입니다.

매사를 평가하지 않는 깨달음

세상을 바꿔 놓고 싶다고요? 자신에게서부터 시작하시는 게 어떻습니까? 먼저 자신의 모습부터 달라지는 게? 그런데 어떻게? 관찰을 통해서. 이해를 통해서. 내 쪽의 간섭이나 판단이 전혀 없이. 판단은 이해일 수 없으니까.

누구에 대해 말을 하면, 예컨대 "그는 공산주의자다" 하면 그 순간 이해는 정지되어 있습니다. 그 순간 그 사람에게 찰싹 딱지를 붙인 겁니다. "그녀는 자본주의자다." 그 순간 이해는 멈추어 있습니다. 그 순간 거침없이 딱지를 붙인 겁니다. 그 딱지에 지지나 반대의 색깔이 깔려 있다면 그만큼 더욱 고약합니다! 반대하거나 찬성하면서 어떻게 이해하겠습니까? 이 모두가 마치 새 세상 얘기처럼 들리죠? 판단하지 마십시오. 비평하지 마십시오. 태도를 취하지 마십시오. 바꿔 놓으려는 욕망을 버리고 그저 있는 그대로를 관찰하고 연구하고 살피십시오. 있는 그대로의 것을 여러분이 **어떠해야** 한다고 생각하는 것으로 바꾸려고 갈망하면 이미 이해하는 게 아닙니다. 개 조련사는 개를 이해하려 하고 그래서 개가 어떤 재주를 행하도록 훈련시킬 수 있게 됩니다. 과학자는 개미들의 행동을 관찰하면서 개미에 대해 되도록 많이 연구하고 배우고자 하는 것 이상의 목적은 두지 않습니다. 다른 의도는 없는 겁니다. 개미를 길들이려 하거나 개미에게서 벗어난 무엇을 얻으려 하지는 않는 겁니다. 개미에게 관심이 있고 개미에 대해 되도록 많이 배우고자 하는 겁니다. 그것이 관찰자의 태도입니다. 그런 태도를 취하는 날 여러분은 기적을 체험할 것입니다. 여러분이 — 힘들이지 않고, 올바르게 — 변할 것입니다. 변화가 일어나는 것이지 여러분이 변화시켜야 하는 게 아닙니다. 여러분의 어둠 속에 깨달음의 삶이 정착할 때 어떠한 악이라도 사라지고 모든 선이 북돋아지는 법입니다. 그것을 여러분 스스로 체험해야 할 것입니다.

그러나 이것은 훈련된 정신을 요구합니다. 훈련이라고 말한다고 해서 힘든 노력을 뜻하는 건 아닙니다. 내가 말하려는 것은 다른 것입니다. 운동가를 연구해 본 적이 있습니까? 운동가의 삶은 전체가 스포츠입니다. 얼마나 훈련된 삶을 살고 있습니까. 또 강물이 바다로 흘러가는 모습을 보십시오. 자신을 담는 양쪽 강둑을 스스로 만들어 냅니다. 여러분 안에 올바른 방향으로 움직이는 무엇이 있다면 그것은 스스로 훈련이 되는 것입니다. 깨달음이라는 벼룩에 물리는 순간 그렇게 됩니다. 오, 참으로 즐거운 일! 세상에서 가장 즐거운 일이죠. 가장 중요하고 가장 즐거운 일이죠. 세상에 깨달음처럼 중요한 것은 없습니다. 아무것도! 그리고 물론, 그것은 그 나름으로 훈련이기도 합니다.

깨달음처럼 즐거운 것은 없습니다. 여러분은 오히려 어둠 속에서 살렵니까? 행동하면서 오히려 자기 행동을 깨닫지 못하렵니까? 말을 하면서 오히려 자기 말을 깨닫지 못하렵니까? 말을 들으면서 무엇을 듣고 있는지, 사물을 보면서 무엇을 보고 있는지 오히려 깨닫지 못하렵니까? 위인 소크라테스는 "깨닫지 못한 삶은 살 가치가 없다"고 했습니다. 자명한 진리죠. 대부분의 사람들은 깨달음의 삶을 살지 않습니다. 기계적인 삶들을 살고 있습니다. 기계적인 생각들 — 대개는 다른 누군가의 것인 —, 기계적인 느낌들, 기계적인 행동들, 기계적인 반응들을 가지고 살고 있습니다. 여러분이 실제로 얼마나 기계적인지 보시겠습니까? "야! 멋진 셔츠를 입으셨군요." 그런 말을 듣고는 좋아들 합니다. 세상에, 셔츠 하나 때문에! 그런 말을 듣고는 자부심을 느끼는 겁니다. 인도에 있는 내 일터에 사람들이 찾아와서 "참 멋진 곳이군요. 나무들도 멋지고 기후도 좋고" 할라치면 나는 벌써 기분이 좋아지는데, 그러다가 내 기분을 알아차리고는 속으로 "허, 이런 어리석은 녀석!" 하게 됩니다. 나는 그 나무들과 아무 상관이 없거든요. 내가 그 지역을 선택한 데 책임이 있는 것도 아니고, 내가 그런 날씨를 주문한 것도 아니죠. 그저 그렇게 생겨난 거죠. 그러나 "나"를 거기에 개입시켰기에 기분이 좋아진 겁니다. "나의" 문화, "나의" 나라에 대해 기분 좋아하는 거죠. 얼마나 어리석은 일이냐 말예요. 나의 위대한 인도 문화가 모든 신비가들을 낳았다는 말을 듣지만 내가 그들을 낳은 건 아니죠. 나는 그들에 대해 책임이 없어요. 또는 사람들이 내게 "당신 나라의 가난은 넌더리가 난다"고 하면 나는 부끄러움을 느끼는데, 그러나 내가 그렇게 만들지는 않았어요. 이게 어찌 된 일입니까? 가만히 생각해 본 적이 있습니까? "난 당신이 매우 매력 있다고 생각한다"고 사람들이 말해 주면 기분이 좋아지고 자신을 얻게 된단 말예요(그래서 나도 오케이, 당신도 오케이[6]라는 거죠). 나는 언젠가 "나도 바보 당신도 바보"라는 제목으로 책을 한 권 쓰려고 합니다. 여러분이 바보라고 공공연히 동의한다면 그거야말로 세상에서 가장 자유롭고 멋들어진 일입니다. 멋지고말고요. 사람들이 내게 "넌 틀렸어" 한다면 나는 말하겠죠. "바보한테서 무얼 기대해?"

무장해제, 모두가 무장해제되어야 합니다. 최종 해방의 상태에서는 나도 바보 당신도 바보인 겁니다. 보통으로는 내가 한쪽 단추를

---

[6] Thomas A. Harris가 분석해 놓은 대인 관계의 네 가지 방법 중 가장 이상적인 방법에 대한 표현. 유아 적에 누구나가 가지는 "나는 오케이가 아니지만 너는 오케이", 성장하면서 어루만짐과 인정을 상실하면서 가지게 되는 "나도 오케이가 아니고 너도 오케이가 아니다", 그리고 심한 대우를 받을 때 가지는 자기 보호적인 "나는 오케이지만 너는 오케이가 아니다", 마침내는 자신을 통찰하여 어릴 적 감정을 극복하고 인내와 성실로써 나와 상대를 인정하는 이상적 자세인 위의 자세가 있다는 분석이다. 그런데 이 책의 저자는 우리가 상대방의 이런 인정에 의해 좌우되는 것을 질책하고 있다. 평가받는다는 것은 항상 변하는 "내 것"에 속하는 것이지 "나"는 이런 것과 동일시되지 않고 불변하는 본질적인 것이라는 설명이다.

누르면 너는 의기양양해지고 다른 단추를 누르면 너는 의기소침해지고 그런 식이죠. 그리고 그걸 좋아하는 겁니다. 여러분은 칭찬이나 비난에 초연한 사람들을 얼마나 알고 있습니까? 그건 인간답지 않다고들 말합니다. 인간답다는 건 좀 원숭이가 되어야 한다는 뜻이고, 그래서 사람마다 꼬리를 비틀 수 있고 무엇이든지 **해야** 하리라는 걸 하고 있다는 셈이죠. 하지만 그게 인간다운 겁니까? 네가 나를 매력 있다고 본다면 그건 바로 지금 네가 기분이 좋다는 뜻이고 그 이상의 뜻은 없는 겁니다.

그것은 또한 내가 너의 장보기 물목에 맞다는 뜻이기도 합니다. 우리 모두가 장보기 물목을 가지고 다닙니다. 그러니까 마치 내가 너의 그 물목에 맞아 들어간다는 셈이죠. 너의 기호에 따라, 음, 키는 크고, 음, 머리카락은 검고, 음, 잘 생기고, 그런 식이죠. "난 그이 목소리가 좋아" "난 사랑하고 있어"라고들 합니다. 넌 사랑하고 있는 게 아냐, 바보 당나귀야. 사랑한다고 할 때마다 — 이렇게 말하자니 주저됩니다만 — 여러분은 특별히 어리석어지고 있는 겁니다. 차분히 앉아서 자신에게 어떤 일이 일어나고 있나 살펴보십시오. 여러분은 자신으로부터 달아나고 있습니다. 도망가고 싶어 합니다. 언젠가 누군가가 말했죠. "현실에 대해, **그리고** 거기서 탈출하는 수단에 대해 하느님께 감사하라." 사실이 그런 겁니다. 우리는 그처럼 기계적이고 그처럼 조종받고 있는 겁니다. 우리는 조종받는 것에 대해서, 그리고 조종받는 것이 얼마나 근사한지에 대해서, 또한 사람들이 너는 오케이라고 말해 주는 것이 얼마나 필요한지에 대해서 책들을 씁니다. 그런 경우에 흐뭇해들 하는 겁니다. 감옥에 갇혀 있으니 얼마나 멋지냐는 셈이죠! 혹은 어제 누군가가 내게 말한 것처럼 상대방의 새장 속에 갇혀 있는 거죠. 감옥에 갇혀 있는 게 좋아요? 조종받고 있는 게 좋아요? 한 가지 말씀드리죠. 너는 오케이라는 말을 들을 때 기분이 좋아진다면 너는 나쁘다고 사람들이 말할 때 기분이 나빠질 준비를 하고 있는 겁니다. 남들의 기대를 충족시키기 위해 사는 한 무엇을 입을지, 머리를 어떻게 손질할지, 구두는 광이 나는지 더욱 신경 쓰게 마련이죠. 요컨대, 남들의 넌더리나는 온갖 기대들에 따라 사는 겁니다. 그런 것이 인간답다는 겁니까?

이것이 자신을 관찰할 때 발견하게 되는 것입니다! 몸서리칠 노릇이겠죠! 나는 오케이도 아니고 오케이가 아닌 것도 아니라는 것이 사실이거든요. 내가 그때그때의 기분이나 취향이나 유행에 맞출 수는 있겠지만 그게 나는 오케이라는 뜻이 됩니까? 거기에 나의 오케이가 의존해 있어요? 사람들이 나에 대해 생각하는 것에? 그런 기준들에 따르자면 예수 그리스도는 무척 "오케이가 아니었다"고 할 수밖에 없겠죠. 여러분은 오케이가 아닙니다. 오케이가 아닌 것도 아닙니다. 여러분은 여러분입니다. 나는 적어도 여러분 중 몇 분에게라도 그것이 큰 발견이 되기를 바랍니다. 만일 서너 분이라도 우리가 함께하는 이 기간 동안 그것을 발견한다면, 아, 얼마나 경탄할 일일까요! 비상하게 탄복할 일이죠! 쓸데없는 오케이나 오케이가 아닌 것을 몽땅 치워 버리십시오. 모든 판단을 버리고 단순히 관찰하고 살펴보십시오.[7] 중요한 발견을 할 것이고 이 발견들이 여러분을 바꿔 놓을 것입니다. 그리고 여러분은 전혀 수고를 할 필요가 없을 것입니다. 장담합니다.

전후에 런던의 버스 안에서 본 일이 생각나는군요. 어떤 사람이 갈색 종이로 싼 꾸러미를 무릎에 얹고 앉아 있습니다. 크고 무거운 꾸러밉니다. 버스 운전사가 다가와서 묻습니다. "무릎에 얹힌 그게 뭐죠?" "불발 폭탄입니다. 우리가 공원에서 파낸 건데, 내가 경찰서로 옮겨 가는 중이죠." "그걸 무릎에 얹어서 가져가시고 싶진 않겠죠. 좌석 밑에 놓으세요."

심리학과 영성은 (우리가 일반적으로 이해하는 대로의 영성이라면) 폭탄을 무릎에서 좌석 밑으로 옮겨 놓습니다. 그것들이 문제를 진정으로 해결하지는 못합니다. 문제를 다른 문제로 바꿔 놓는 것이

---

[7] 이런 자세는 영성신학의 관상(contemplation)이나 불교의 무아(anatta)에 이르는 길과 상통한다.

죠. 생각해 보셨어요? 이미 있던 문제를 이제 다른 문제로 바꾸는 겁니다. 바로 **여러분**에게 닥친 본래 문제를 해결하기까지는 그런 식으로 항상 지속될 것입니다.

보상에 대한 환상

그때까지는 우리가 아무 데도 도달하지 못할 것입니다. 동양의 위대한 신비가들과 스승들은 "**너**는 누구냐?"고 물을 것입니다. 많은 사람들이 세상에서 가장 중요한 물음은 "예수 그리스도는 누구냐?"라고 합니다. 틀렸습니다!

많은 사람들이 세상에서 가장 중요한 의문은 "신은 존재하는가?"라고 생각합니다. 틀렸습니다! 많은 사람들이 "사후의 삶이 있는가?"가 그것이라고 생각합니다. 틀렸습니다! 아무도 "죽음 **이전에** 삶이 있는가?" 하는 문제와는 씨름하지 않는 것 같습니다. **저승**의 삶에 열렬한 관심을 가지고 그것을 어떻게 다루어야 할지 안달이 난 사람들은 분명히 **이승**의 삶을 어떻게 살아야 할지를 모르는 사람들이라는 것이 내 체험입니다. 깨어났다는 표지 한 가지는 내세 일에 아랑곳하지 않는다는 것입니다. 그런 건 염려하지 않아. 마음 쓰지 않아. 흥미 없어, 끝.

여러분은 영생이 무엇인지 아십니까? 영속하는 삶? 그러나 신학자들이 들으면 미친 생각이라고 하겠죠. 영속이란 여전히 시간 속에 있는 것이니까요. 시간이 영구히 지속한다는 의미죠. 영원이란 시간이 없다는 뜻입니다. 인간의 정신은 그걸 이해할 수 없습니다. 인간의 정신으로 시간을 이해할 수 있고 시간을 부정할 수는 있습니다. 시간이 없다는 것은 우리의 이해력을 벗어납니다. 그런데 신비가들은 우리에게 영원이란 바로 지금 존재한다고 말합니다. 참으로 기쁜 소식이 아닙니까? 바로 지금이라는 겁니다. 사람들은 내가 과거를 잊으라고 말하면 크게 당황합니다. 그들은 과거를 자랑스러워합니다. 혹은 부끄러워합니다. 미쳤죠! 그런 태도는 버리십시오! "과거를 회개하라"는 말을 듣거든 그것은 깨어나라는 것을 종교적으로 크게 왜곡한 말이라는 점을 인식하십시오. 깨어나십시오! 그것이 회개가 뜻하는 것입니다. "여러분의 죄에 대해 울라"는 말이 아닙니다. 깨어나십시오! 이해하고, 모든 울음을 그치십시오. 이해하십시오! 깨어나십시오!

나는 누구냐?

위대한 스승들은 우리에게 "나는 누구냐?" 혹은 "'나'란 무엇이냐?"가 세상에서 가장 중요한 물음이라고 말합니다. "나"란 무엇일까요? 자기란 무엇일까요? 세상의 다른 모든 것은 이해했다는 네가 이것은 이해하지 못하느냐? 천문학과 블랙홀과 항성 들을 이해하고 컴퓨터 과학을 일으켰다는 네가 너는 누구인지 모르느냐? 아, 너는 아직도 잠들어 있다. 잠들어 있는 과학자다. 예수 그리스도가 누구인지 이해했다는 네가 너는 누구인지는 모르느냐? 예수 그리스도를 이해했다는 것은 어떻게 아느냐? 그 이해를 하는 사람은 누구냐? 그걸 먼저 찾아내십시오. 그것이 매사의 기초가 아닙니까? 모든 어리석은 종교전쟁 — 유다교와 회교, 천주교와 개신교, 그 밖의 온갖 어리석은 싸움 — 에 관련된 어리석은 종교인들이 있는 것은 그걸 이해하지 못했기 때문입니다. 그들은 자기들이 누구인지를 모릅니다. 안다면 그런 전쟁은 없을 겁니다. 어느 소년과 소녀의 대화에서처럼. "네가 속한 교파denomination는 장로교니?" "아니, 우리가 속한 건 또 다른 혐오abomination야!"

그러나 바로 지금 내가 강조하고 싶은 것은 자기 관찰입니다. 여러분은 내 말을 듣고 있지만 그러면서 내 목소리 외의 어떤 다른 소리를 듣고 있습니까? 내 말을 들을 때의 **여러분의** 반응을 자각하고 있습니까? 만일 그렇지 않다면 여러분은 세뇌되는 중입니다. 아니면 전혀 자각하지 못하는 여러분 안의 힘에 영향을 받는 중입니다. 또 나에게 어떻게 반응하는지를 자각하더라도 여러분의 반응이 어디서 나오는지도 동시에 자각하고 있습니까? 어쩌면 내 말을 전혀 듣고 있지 않을 겁니다. 어쩌면 여러분의 부친이 내 말을 듣고 있을 겁니다. 그럴 수도 있냐고요? 물론 그럴 수도 있습니다. 나는 내 치료 그룹에서 그 자리에는 없는 사람들을 거듭 만납니다. 그들의 아버지, 그들의 어머니가 거기 있지 그들은 거기 없는 겁니다. 그들 자신은. "지금 내가 사는 건 내가 아니고 내 아버지가 내 안에 사는 거예요." 그래요, 그 말은 절대로, 글자 그대로 참말입니다. 나로서는 상대방을 조각조각 분해해서 물을 수 있을 겁니다. "자, 이 문장의 유래는 아버지, 어머니, 할머니, 할아버지, 누구?"

여러분 안에는 누가 살고 있습니까? 그걸 아시면 매우 소름 끼칠 겁니다. 스스로 자유롭다고 생각하지만 아마 여러분 안에는 다른 사람에게서 유래하지 않는 몸짓·생각·감정·태도·신념이란 없을 겁니다. 무서운 일 아닙니까? 여러분은 그걸 모르고 있습니다. 여러분 안에 찍혀 들어와 있는 기계적인 삶을 분간해 보십시오. 어떤 것을 매우 강렬히 느낄 때 여러분 자신이 그걸 그렇게 강렬히 느끼고 있다고 생각하지만, 정말 그럴까요? 여러분이 "나"라고 부르는 이것이 어쩌면 단지 과거 환경에 따라 겪은 체험들의 복합임을 이해하려면 많은 깨침이 필요할 것입니다.

　깨침은 괴로운 일입니다. 사실 깨어나기 시작하면 많은 고통을 겪습니다. 자신의 환상이 깨어지기 시작하며 자기가 일으켜 세웠다고 생각한 모든 것들이 무너지는 걸 본다는 것은 고통스럽습니다. 그런 것이 회개입니다. 그런 것이 깨어나는 것입니다. 그럼 잠시, 여러분이 바로 지금 앉은 자리에서, 내가 이야기할 때 여러분이 신체적으로 무엇을 감지하고 마음에서는 무엇이 일어나며 정서 상태가 어떠한지 자각해 보면 어떨까요? 눈을 뜬 채 칠판에 대해 자각해 보면 어떨까요? 또 벽지의 색깔과 그 재료에 대해서는? 내 얼굴과 내 얼굴에 대한 여러분의 반응에 관해서는? 자각을 하든 않든 여러분은 어떤 반응을 할 것이고, 그 반응은 아마 여러분의 반응이 아니라 여러분에게 그러도록 조건지어진 것일 겁니다. 그리고 내가 방금 이야기한 것들 중 일부를 자각해 보면 어떠할까요? 이제 그건 기억이지 새삼 깨달음은 아닐지라도.

　이 방 안의 자기 현존을 자각해 보십시오. 여러분 자신에게 "나는 이 방 안에 있다"라고 말해 보십시오. 마치 자기 바깥에 있는 것처럼 자신을 응시하면서. 방 안의 사물들을 응시하던 때와는 약간 다른 느낌이죠. 나중에 우리는 "그런 응시를 하고 있는 이 사람은 누구냐?"라고 물을 것입니다. "나"는 무엇인가? 또 "내 것"이란 무엇인가? 당분간은 "내"가 나를("내 것"을) 관찰하는 것으로 족합니다. 그런데 자신을 단죄하거나 칭찬하고 있는 자신을 발견하거든 멈추지 말고, 그 단죄나 판단이나 칭찬을 멈추지 말고 그걸 그저 바라보십시오. 내가 나를 단죄하고 있다, 내가 나를 비난하고 있다, 내가 나를 인정하고 있다, 그저 바라만 보아라, 끝. 바꾸려고 하지 마십시오! "오, 이렇게 해서는 안 된다던데"라고 말하지 마십시오. 무엇이 진행 중인지 그저 바라만 보십시오. 이미 말했듯이 자기 관찰이란 살펴보는 것입니다. 여러분 안에서나 곁에서 어떤 일이 진행되고 있더라도 그것이 다른 사람에게 일어나고 있는 것처럼 관찰하는 것입니다.

"나"를 벗겨라

이제 또 다른 실습을 제안합니다. 종이 한 장에다 간단히 여러분 자신을 묘사하는 글을 적어 보시겠습니까? 예컨대, 사업가, 성직자, 인간, 가톨릭 신자, 유다인 등 아무 거라도.

쓰시는 걸 보니 자녀가 많다, 추구하는 순례자다, 유능하다, 원기왕성하다, 참을성 없다, 중심이 있다, 융통성 있다, 중재자다, 연인이다, 인류의 일원이다, 지나치게 조직적이다 등등이 더러 보이는군요. 여러분 자신을 관찰한 결과라고 난 믿습니다. 마치 다른 사람을 관찰하듯이.

그런데 보십시오, 여러분은 "나"가 나를("내 것"을) 관찰하게 된 겁니다. 내가 나를 관찰할 수 있다는 건 철학자·신비가·과학자·심리학자들의 호기심을 끌기를 멈춘 적이 없는 흥미로운 현상입니다. 동물들은 그럴 능력이 없어 보입니다. 그럴 수 있으려면 상당한 지능이 요구되겠죠. 내가 지금 제시하려는 건 형이상학이 아닙니다. 철학이 아닙니다. 평범한 관찰이며 상식입니다. 동양의 위대한 신비가들은 실상 "내 것"이 아니라 "나"에 주목합니다. 더러 이 신비가들은 우리가 먼저 사물과 더불어, 사물에 대한 깨달음과 더불어 시작하고, 그러고는 사고("내 것")에 대한 자각으로 옮겨 가며, 마지막으로는 사고자에 대한 자각에 도달한다고 말합니다. 사물과 사고와 사고자. 우리가 정작 찾고 있는 것은 사고자입니다. 사고자는 그 자신을 알 수 있을까요? "나"가 무엇인지 알 수 있을까요? 어떤 신비가들은 "칼이 칼 자신을 자를 수 있느냐?"고 응답합니다. 이빨이 이빨 자신을 깨물 수 있느냐? 눈이 눈 자신을 볼 수 있느냐? "나"가 자신을 알 수 있느냐? 그러나 바로 지금 나의 관심사는 무한히 실제적인 일, 즉 "나"가 무엇이 **아님**을 결정하는 일입니다. 되도록 천천히 진행하겠습니다. 그 결과는 엄청난 것이니까요. 여러분의 관점에서 보면 무섭고 소름 끼칠 노릇이죠.

들어보십시오. "나"가 나의 생각, 내가 하고 있는 생각입니까? 아닙니다. 생각이란 오고 갑니다. "나"는 나의 생각이 아닙니다. 나의 몸입니까? 매분 우리 몸에서는 수백만 개의 세포들이 달라지거나 새로워진다고 합니다. 그래서 칠 년쯤 지나면 그 전에 살아 있던 세포란 하나도 남아 있지 않게 된다죠. 세포란 오고 갑니다. 생겨났다 죽는 것이죠. 그러나 "나"는 여전한 것 같습니다. 그러니 내가 나의 몸입니까? 명백히 아닙니다.

"나"란 다른 것이고 몸 이상의 것입니다. 여러분은 몸이 "나"의 부분이라고 말하겠지만 그것은 변하는 부분입니다. 계속 변하죠. 우리는 몸을 항상 같은 이름으로 부르지만 몸은 항상 변합니다. 마치 나이아가라 폭포라는 이름을 늘 사용하지만 나이아가라 폭포를 이루는 물은 항상 바뀌는 것과 같습니다. 우리는 늘 변하고 있는 현실에 대해 똑같은 이름을 사용하고 있는 겁니다.

이름은 어떻습니까? 내 이름이 "나"입니까? 분명히 아니죠. "나"가 달라지지 않고도 이름을 바꿀 수 있으니까요. 내 성공은 어떻습니까? 내 신념은? 나는 가톨릭 신자다, 나는 유다교인이다 합니다. 그것이 "나"의 핵심 부분일까요? 한 종교에서 다른 종교로 옮기면 "나"가 변합니까? 새로운 "나"를 가지는 겁니까? 아니면 변화한 같은 "나"? 달리 말해서 이름이 나의, "나"의 본질적 부분일까요? 종교가 "나"의 본질적 부분일까요? 아까 소년에게 "네가 속한 교파는 장로교니?"라고 묻는 소녀 이야기를 했습니다만, 어떤 이가 또 다른, 패디라는 사람 이야기를 들려주더군요. 벨파스트에서 길을 거닐던 패디는 뒤통수에 총구가 누름을 느낍니다. 한 목소리가 들립니다. "가톨릭이냐 개신교냐?" 패디는 재빨리 생각을 해내야 합니다. "유다인이오" 그러자 들리는 목소리. "벨파스트 시내에서 내가 가장 운 좋은 아랍인이로군." 딱지들이 우리에게 그처럼 중요한 겁니다. 이를테면 "나는 공화당원이다" 했을 때 정말 그럴까요? 정당을 바꾼다고 해서 새로운 "나"를 가진다고 생각할 수는 없는 겁니다. 바꾼다 하더라도 새로운 정치적 확신을 가지는 과거의 똑같은 "나"가 아니겠어요? 또 어떤 사람 이야기도 기억납니다. "공화당에 투표할래?" "아니, 민주당에 투표할 생각이야. 아버지도 민주당원이셨고,

할아버지도, 증조할아버지도 그러셨거든." "그건 미친 논리야. 내 말은, 만일 자네 부친께서 말 도둑이셨고, 할아버지도, 증조할아버지도 그러셨다면 자넨 어떻게 되겠느냐는 말야." "아, 그러면 난 공화당원이 되겠지."

우리는 자기 것이든 남의 것이든 딱지들에 반응하느라 우리의 삶을 너무 많이 허송합니다. 딱지들을 "나"와 동일시하는 겁니다. 가톨릭과 개신교는 흔한 딱지들이죠. 어떤 사람이 신부에게 가서 말합니다. "신부님, 내 개를 위해 미사를 드려 주십시오." 신부는 화가 납니다. "뭐라구요, 개를 위해 미사를?" "내가 귀여워한 개라서 미사를 드려 주려고요." "여기 우리는 개를 위한 미사를 드리지 않아요. 길 아래쪽 다른 교파에 가 보구려. 그들이 그런 예배를 할 수 있을지 물어보라구요." 그 사람은 떠나면서 말합니다. "안됐군요. 난 그 개를 정말 사랑했는데. 미사 헌금으로 백만 달러를 봉헌할 작정이었죠." 그러자 신부의 말. "잠깐, 당신은 그 개가 가톨릭이었다고는 말하지 않았어요."

딱지들에 사로잡혀 있을 때, "나"와 관련된 의미에서 이 딱지들은 어떤 가치가 있을까요? "나"는 우리가 집착하는 딱지들의 일부가 아니라고 말할 수 있을까요? 딱지는 "내 것"에 속합니다. "내 것"은 항상 변하죠. "나"가 변한 적 있습니까? 관찰자가 변한 적 있습니까? 사실은 어떤 딱지들을 (아마 인간은 제외하고) 생각하든 그것들은 "내 것"에 적용되어야죠. "나"는 이런 것들에 속하지 않습니다. 그래서 자신에게서 떨어져 나와 "내 것"을 관찰할 때는 "내 것"과 동일화하지 않습니다. "내 것"에는 고통이 있고, 그래서 "나"를 "내 것"과 동일시할 때 고통이 시작되는 겁니다.

두렵다거나 아쉽다거나 불안하다고들 합니다. 돈·이름·국적·인물·친구 등등과 **동일화**하지 않을 때 "나"는 결코 그럴 우려가 없습니다. 매우 활기 있어질 수는 있지만 위협당하지는 않습니다. 여러분의 고통이나 염려나 불안의 원인이 되었거나 되고 있는 것을 무엇이든 생각해 보십시오. 첫째, 그러한 고통 저변의 갈망을 포착할 수 있습니까? 거기에는 여러분이 매우 간절히 원하는 것이 있습니다. 그렇지 않다면 괴롭지 않을 것입니다. 그 갈망은 무엇일까요? 둘째, 그것은 단순한 갈망이 아닙니다. 거기에는 **동일시**가 있습니다. 어떻게든 여러분은 자신에게 "'나'의 행복, 거의 '나'의 존립까지 이 갈망과 결합되어 있다"고 말해 온 셈입니다. 모든 고통은 무언가를, 그것이 내 안에 있든 내 밖에 있든, 나 자신과 동일시함으로써 야기됩니다.

타인에 대한 부정적 감정

내가 지도한 어느 피정에서 누군가 다음과 같은 관찰을 했습니다.

"내게 일어난 놀라운 일을 신부님께 들려 드리고 싶습니다. 나는 영화를 본 직후 마음이 몹시 흔들렸습니다. 그동안 사실 세 사람과 마찰을 빚으며 지냈거든요. 그래서 스스로 말했습니다. '좋다, 영화에서 배운 대로 나 자신 밖으로 나가자.' 두 시간 동안 나는 내 감정을 살폈습니다. 그 세 사람에 대해 내가 얼마나 나쁘게 생각하고 있는지 알았죠. '나는 그 사람들을 정말 미워하는구나.' 그러고는 '예수님, 당신은 이 문제를 어떻게 해 주실 수 있습니까?' 잠시 후 나는 울기 시작했습니다. 예수께서는 바로 그 사람들을 위해 죽으셨고 아무튼 어쩔 수 없이 그들은 그들인 걸 깨달았기 때문입니다. 그날 오후 나는 전례에 참여하면서 그들에게 말을 건넸습니다. 내 문제가 무엇이었는가를 이야기하자 그들은 찬동해 주었습니다. 나는 더 이상 그들에게 화내지 않고 미워하지 않게 되었습니다."

언제라도 누군가를 향해 부정적인 감정을 가지고 있을 때 여러분은 환상 속에 살고 있는 것입니다. 여러분에게 심각하게 잘못된 것이 있습니다. 현실을 보고 있지 않다는 것입니다. 여러분 안의 무언가가 변해야만 합니다. 부정적인 감정을 가지고 있을 때 일반적으로 우리는 어떻게 합니까? "그가 비난받는 건 당연해. 그는 달라져야 해." 천만에! 세상은 멀쩡합니다. 변해야 할 사람은 여러분입니다.

여러분 중 어느 분이 회사에서 있었던 일을 이야기하시더군요. 회의 중에 누군가가 으레 "여기 음식은 냄새가 고약해" 했고, 그러면 영양사는 화를 벌컥 내곤 했다지요. 그녀는 음식과 자신을 동일시했던 겁니다. "누구든지 음식을 공격하는 사람은 나를 공격하는 것이다. 나는 위협을 느낀다" 그렇게 생각하고 있었던 거죠. 그러나 "나"는 결코 위협받지 않습니다. 위협받는 건 다만 "내 것"이죠.

그러나 명백히 객관적으로도 그릇된 어떤 철저한 불의를 목격한다고 합시다. 이런 일은 있어서는 안 된다고 말하는 건 당연한 반응이 아니겠어요? 잘못된 상황을 바로잡는 데 어떻게든 관여하고 싶겠죠? 어떤 사람이 한 어린이를 나무라고 있는데 보고 있노라니 줄곧 지나치게 닦달을 합니다. 그런 경우에도 아무것도 해서는 안 된다고 내가 말하려는 줄로 추측하시지 않았기를 바랍니다. 내가 말하려는 건 부정적 감정을 가지지 않는다면 더 효과적이라고, **훨씬** 더 효과적이라는 겁니다. 부정적 감정이 나타나면 눈이 멀기 때문이죠. "내 것"이 나서는 바람에 모든 게 혼란스러워지는 거죠. 전에는 우리 손에 한 가지 문제가 있었으나 이제는 두 가지 문제가 있는 겁니다. 분노나 분개나 미움 같은 부정적 감정을 가지지 않는 것이 어떤 상황에서 아무것도 하지 않는 것을 뜻하는 줄로 많은 사람들이 잘못 추정하고 있습니다. 오, 아닙니다! 감정에 휩쓸리지 않고 행동에 뛰어드는 겁니다. 주변의 사물들과 사람들에게 매우 민감해지는 겁니다. 민감성을 죽이는 것은 많은 사람들이 조건화된 자기라고 부르는 그것입니다. "내 것"과 동일화할 때 그런 것들이 너무 많이 끼어들어 있어서 사물을 초연하게 객관적으로 보지 못하는 겁니다. 행동에 뛰어들 때 사물을 초연하게 볼 수 있다는 것은 매우 중요한 일입니다. 그러나 부정적 감정들은 그것을 방해합니다.

그런데 객관적인 악에 대해 무언가를 하는 데 동기를 주고 힘을 내게 하는 그런 열정을 우리는 무어라고 부를까요? 무엇이라 하든 그것은 수동적인 반응, 반작용 reaction이 아닙니다. 능동적인 행동, 작용 action이죠.

여러분 중 더러는 무언가가 집착으로 화하기 이전에, 동일시가 이루어지기 이전에 어떤 회색 영역이 있을까 하고 생각합니다. 한 친구가 죽었다고 합시다. 슬픔을 느낀다는 건 당연하고 매우 인간적인 것으로 보입니다. 그러나 무슨 반응일까요? 자기 연민? 무엇에 대해 비탄을 느끼는 걸까요? 그것에 대해 생각해 보십시오. 내 말이 소름 끼치게 들리겠지만 나는 딴 세상에서 왔다고 이미 말했습니다. 여러분의 반응은 **개인적인** 상실인 겁니다. 그렇잖아요? 그 친구가 기쁨을 가져다주었을 나를 위해 애석함을 느끼는 거죠. 혹은 남들을 위해 애석함을 느낀다 하더라도 그건 자신을 위해 애석함을 느끼는 그런 남들을 위해 애석함을 느낀다는 걸 뜻합니다. 그들이 자신을 위해 애석함을 느끼지 않는다면 무엇을 위해 애석함을 느끼겠어요? 소유하려 하지 않고 자유롭게 내버려 두었던 것을 상실할 때는 비탄을 느끼지 않습니다. 비탄이란 내가 나의 행복을 어떤 것이나 어떤 사람에게 적어도 어느 정도로 의지했다는 표지인 겁니다. 내 말이 무자비하게 들릴 지경으로 우리는 이와 반대되는 말을 듣기에 습관이 되어 있는 게 아닙니까?

의 존

그러나 그것은 과거에 모든 신비가들이 우리에게 이야기해 온 말입니다. 조건화된 자기가 때로는 통상적인 모습으로 돌아가지 않을 것이라고 말하지는 않겠습니다. 우리는 그런 식으로 조건화되어 있는 겁니다. 그러나 그러고 보면 우리가 과연 아무에게도 의존하지 않을 만큼 전적으로 홀로 사는 삶을 산다는 것이 상상할 수 있는 일인지 의문이 일어납니다.

우리는 모두가 온갖 일들로 서로 의존해 있지 않습니까? 우리는 도살자·빵 굽는 이·촛대장이 등에 의존해 살죠. 상호 의존. 좋지요! 우리는 이런 식으로 사회를 이루어 모든 사람의 복리를 위해 각기 다른 사람들에게 다른 기능을 맡기고, 그렇게 해서 기능을 더 잘 발휘하고 더 효율적으로 살고자 합니다. 적어도 그러기를 바라고 있어요. 그렇지만 다른 사람에게 심리적으로 의존한다는 것 — 정서적으로 다른 사람에게 의존한다는 것 — 그것은 무얼 의미할까요? 그것은 내 행복을 위해 다른 사람에게 의지한다는 뜻입니다.

생각해 보십시오. 생각해 보면 그다음에 여러분이 하고 있는 것은, 깨닫고 있든 그렇지 않든, 다른 사람들이 여러분의 행복에 기여하기를 **요구하는** 것일 테니까요. 그다음 단계는 두려움일 테죠. 상실의 두려움, 소외의 두려움, 거부의 두려움, 상호 견제. 완전한 사랑은 두려움을 몰아냅니다. 사랑이 있는 곳에는 요구가 없고, 기대가 없으며, 의존이 없습니다. 나를 행복하게 해 달라고 요구하지 않습니다. 내 행복이 너에게 있지 않습니다. 네가 나를 떠나려 해도 나 때문에 슬퍼하지 않는 겁니다. 너와 함께 있기를 한없이 즐기지만 너에게 달라붙지는 않는 겁니다.

내가 집착이 없는 바탕 위에서 그것을 즐기는 겁니다. 내가 진실로 즐기는 것은 네가 아닙니다. 너와 나 둘 다보다도 더 중요한 것이죠. 내가 발견한 어떤 것, 일종의 교향곡, 네가 있는 데서 한 선율을 연주하지만 네가 떠난다 해도 연주를 멈추지는 않는 그런 일종의 교향곡이죠. 또 다른 사람을 만나서 또 다른 곡을 연주하고 그 또한 매우 흥겨운 일입니다. 그리고 내가 혼자일 때도 연주를 계속하는 겁니다. 훌륭한 레퍼토리가 있고 결코 멈추지 않는 겁니다.

그것이 깨어남입니다. 그것이 또한 우리가 최면되어 있고 세뇌되어 있으며 잠들어 있다는 판단의 근거입니다. 묻기 끔찍해 보이지만, 네가 나에게 매달리고 나를 보내 주지 않는데도 네가 나를 사랑한다고 할 수 있을까요? 나를 나대로 놓아두지 않는데도? 너의 행복을 위해 내가 심리적으로나 정서적으로 필요하다면서도 네가 나를 사랑한다고 할 수 있을까요? 이것은 성서, 모든 종교, 모든 신비가들의 보편적인 가르침에서 정면으로 벗어나는 것입니다. "어떻게 우리가 그처럼 오랜 세월 그걸 모르고 살았을까?" 나는 거듭 자문합니다. "내가 그걸 몰랐다니 어찌 된 일일까?" 성서에서 그런 철저히 근본적인 이야기들을 읽노라면 의아해지기 시작합니다. 이 사람이 미쳤나? 그러나 잠시 후에는 다른 모든 사람이 미쳤다고 생각하기 시작합니다. "아버지와 어머니, 형제와 자매를 미워하지 않고는, 가진 것을 버리지 않고는 내 제자가 될 수 없다." 모든 것을 떨쳐 버려야 합니다. 물리적인 포기가 아니라 이해를 해야 합니다. 그리고 그것은 쉬운 일입니다. 환상을 버릴 때 마침내 현실과 접촉하게 되고, 다시는 외롭지 않을 것입니다. 정말 다시는. 고독은 다른 사람과 함께 있음으로써 치유되는 것이 아닙니다. 현실과 접촉함으로써 치유됩니다. 오, 이에 대해 나는 말할 것이 참으로 많습니다. 현실과 접촉함, 환상을 떨쳐 버림. 무엇이라고 하든 이름은 없습니다. 실재하지 않는 것을 떨쳐 버림으로써 그걸 알 수 있을 뿐입니다. 집착을 떨쳐 버릴 때, 의존을 떨쳐 버릴 때 고독이 무엇인지를 알 수 있을 뿐입니다. 그러나 그것을 향한 첫 단계는 그것을 바람직한 일로 여기는 것입니다. 바람직한 일로 여기지 않는다면 어떻게 그 근처의 어디엔들 도달하겠어요?

여러분이 겪은 고독을 생각해 보십시오. 사람들과 함께 있으면 고독이 사라집디까? 기분 전환에나 도움이 될 뿐이죠. 그 내면에는 공허가 있지 않아요? 그 공허가 표출될 때는 어떻게 하십니까? 달아나죠. 텔레비전을 켜고, 라디오를 켜고, 책을 읽고, 다른 동반자를 찾고, 오락이나 기분 전환거리를 찾죠. 모두들 그렇게 합니다. 오늘날 큰 사업, 한 조직화된 산업이 되어 있는 게 우리의 기분을 전환시키고 우리를 즐겁게 하는 일이죠.

행복은 어디서 오나?

자신에게로 돌아오십시오. 자신을 관찰하십시오. 그래서 앞에 나는 자기 관찰이란 즐겁고 비범한 일이라고 했습니다. 잠시 후 여러분은 어떤 노력도 필요가 없게 됩니다. 환상이 무너지기 시작하면 형언할 수 없는 것들을 알기 시작하기 때문입니다. 그것을 행복이라 부릅니다. 모든 것이 변하고 여러분은 깨달음에 몰두하게 됩니다.

이런 이야기가 있습니다. 어떤 제자가 스승을 찾아가 말합니다. "지혜에 관해서 한 말씀 해 주실 수 있겠습니까? 저의 삶을 인도할 말씀을 들려주실 수 있겠습니까?" 그날은 스승의 침묵일이고 그래서 그는 종이를 가져다 적어 보입니다. "깨달음." 제자가 보고는 말합니다. "너무 간단합니다. 좀 덧붙여 주시겠습니까?" 그러자 스승은 종이를 되받아 적습니다. "깨달음, 깨달음, 깨달음." 제자가 말합니다. "예, 그런데 이게 무슨 뜻입니까?" 스승은 종이를 받아 또 씁니다. "깨달음, 깨달음, 깨달음이란 깨달음을 뜻한다."

그것이 곧 자신을 살피는 것입니다. 아무도 그걸 어떻게 하는지 보여 줄 수 없습니다. 그렇게 하면 기법을 전하는 것이 되고 조종하는 것이 될 테니까. 그렇지만 자신을 살피십시오. 누군가에게 이야기할 때 그걸 깨달았습니까, 아니면 그와 동일화했습니까? 누군가에게 화를 냈을 때 화가 났다는 걸 깨달았습니까, 아니면 단지 그 분노와 동일화했습니까? 나중에 시간이 있을 때 체험을 연구하고 이해하려고 해 보았습니까? 그것이 어디서 왔는지? 무엇이 그런 결과를 가져왔는지? 나는 깨달음에 이르는 어떤 다른 길도 모릅니다. 사람은 자기가 이해하는 것만 변화시킵니다. 이해하지 못하는 것, 깨닫고 있지 않은 것은 억압합니다. 그때는 변할 수 없습니다. 그것을 이해할 때 그것이 변합니다.

　나는 더러 이런 질문을 받습니다. "이 깨달음의 성장은 점진적인 일이냐, 아니면 별안간의 일이냐?" 순간적으로 깨닫는 행운아들도 있습니다. 문득 깨닫죠. 천천히, 점증적으로 계속 깨달음에 나아가는 사람들도 있습니다. 사물을 보기 시작하죠. 환상이 사라지고 백일몽의 껍질이 벗겨지며 사실들을 접하기 시작하죠. 보편적 법칙이란 없습니다. 양떼에게 다가갔다가 놀랍게도 양떼 속에서 한 사자를 발견한 사자에 관한 유명한 이야기가 있죠. 양떼 속의 그 사자는 새끼 때부터 양처럼 울고 양처럼 거닐며 양들에 의해 길러졌습니다. 사자가 그 양-사자에게로 곧장 가서 정면에 서자 양-사자는 사지를 부들부들 떨었습니다. "양들 속에서 무얼 하는 거냐?" "나는 양이에요." "오 아니야, 넌 아니야. 나와 함께 가자." 사자는 그를 데리고 연못으로 갔습니다. "봐라!" 물에 비친 자신의 모습을 보자 양-사자는 목청껏 포효했고 그 순간 변했습니다. 다시는 전과 같지 않았습니다.

운이 좋아 신들이 자비를 베푼다면 또는 신의 은총을 받았다면 (신학적인 표현은 원하는 대로 쓰십시오) 여러분은 "나"가 누구인지 갑자기 깨닫고 다시는 전과 같지 않게 됩니다. 다시는 어떠한 것도 여러분의 기분을 움직이지 못하고 아무도 다시는 여러분에게 상처를 줄 수 없는 겁니다.

아무도, 아무것도 두려워하지 않는 겁니다. 비범한 일 아녜요? 왕처럼, 여왕처럼 살게 되죠. 그야말로 왕과 같은 존엄을 지니고 살죠. 신문에 사진이나 실리고 많은 돈을 버는 것처럼 시시한 일이 아닙니다. 그런 건 허접한 일들이죠. 자기가 아무도 아니라는 것에 완전히 만족하기 때문에 아무도 두려워하지 않아요. 성공이나 실패에 마음 졸이지 않아요. 그런 따위는 아무것도 아니죠. 명예나 불명예도 아무 의미가 없어요. 바보짓을 해서 웃음거리가 되어도 역시 아무것도 아니죠. 멋지잖아요! 어떤 사람들은 자기 인식을 통해 단계적으로 이 목표에 힘들게 도달합니다. 그러나 약속하죠. 깨달음을 위해 오랜 시간을 투자하고도 차이를 느끼지 않는 사람은 단 한 사람도 보지 못했다는 겁니다. 삶의 질이 변하고 그래서 더 이상 신앙에 의지할 것도 없게 됩니다. 그 변화가 보이는 것이고 사람이 다른 겁니다. 달리 반응하는 겁니다. 사실은 덜 반응react하고 더 행동act하는 거죠. 전에는 본 적이 없던 것들이 보이는 거죠.

훨씬 더 원기 왕성해지고 훨씬 더 생기 있어집니다. 흔히들 욕망이 없다면 죽은 나무토막 같을 거라고 생각합니다. 그러나 사실은 긴장을 풀어야 합니다. 실패에 대한 두려움, 성공에 대한 긴장들을 제거하십시오. 그러면 여러분 자신이 될 것입니다. 긴장을 푸십시오. 브레이크를 건 채 운전을 하고 있지는 않게 될 것입니다. 그것이 일어날 일입니다.

내가 외우기에 애를 먹은, 위대한 중국인 현자 장자의 절묘한 말씀이 있습니다. "궁사가 상을 바라지 않고 활을 쏠 때는 자기 궁술을 다 발휘한다. 동상을 받기 위해 쏠 때는 이미 흥분한다. 금상으로 받기 위해 쏠 때는 눈이 흐려져 목표가 둘로 보이고 제정신이 아니다. 그의 궁술은 변하지 않았으나 상이 그를 갈라놓는 것이다. 염려하는 것이다! 쏘기보다 이기기를 더 생각하고 이길 필요가 힘을 빼놓는 것이다." 그게 사람들 대부분의 모습이 아닙니까? 아무것도 얻으려 하지 않고 살고 있을 때, 모든 실력, 온 힘을 얻은 것이고 긴장이 풀리고 염려하지 않으며 이기든 지든 문제 삼지 않는 겁니다.

사람다운 삶이 여기 있습니다. 이것이 삶입니다. 그것은 깨달음에서만 올 수 있습니다. 그리고 깨달음 속에서 명예란 별것 아님을 이해하게 됩니다. 그것은 사회적 인습, 그뿐이죠. 그래서 신비가들과 예언자들은 그런 것에 조금도 마음 쓰지 않았죠. 명예나 치욕이나 그들에게는 아무 의미가 없었죠. 그들은 딴 세상에, 깨달은 사람들의 세계에 살고 있었습니다. 성공이나 실패란 아무 의미가 없었습니다. "나도 바보 너도 바보인 것을, 문제가 어디 있느냐?" 하는 태도였던 겁니다.

언젠가 누군가가 말했죠. "인간에게 가장 힘든 세 가지 일은 물질적 위업이나 정신적 성취가 아니라, 첫째로 미움을 사랑으로 갚는 일, 둘째로 쫓겨난 이들을 받아들이는 일, 셋째로 자기가 잘못임을 인정하는 일이다." 그러나 "내 것"들과 동일화하지 않았다면 이런 일들이야말로 세상에서 가장 쉬운 일입니다. "내가 틀렸어! 네가 날 더 잘 안다면 얼마나 자주 내가 그릇된지 알겠지. 바보에게서 무얼 기대해?" 그런 말을 할 수 있고, 그러면서도 내 안에 있는 이런 측면들과 동일화하지 않았다면 네가 나에게 상처를 줄 수는 없는 겁니다. 처음에는 구태의연한 조건화가 들쑤시고 우울해지며 불안할 겁니다. 탄식하고 울기도 할 겁니다. "깨치기 전에 우울하더니 깨친 후에도 계속 우울하구나." 그러나 차이가 있습니다. 그 우울과 동일화하지 않게 된 겁니다. 그게 얼마나 큰 차이인지 아십니까?

자신에게서 나와 그 우울을 바라보며 동일화하지는 않는 겁니다. 그것이 사라지도록 무얼 하지 않고, 그것이 거쳐 가며 사라지는 동안 자신의 삶을 마냥 기꺼이 살아가는 겁니다. 이것이 무슨 뜻인지를 모른다면 사실 아직 무언가 기대하는 것이 있는 것이죠. 그럼 불안은? 불안이 와도 근심하지 않습니다. 얼마나 신기합니까! 불안하나 근심하지 않는 겁니다.

역설이 아닐까? 구름이 몰려오도록 기꺼이 내버려 두는 겁니다. 싸울수록 그것에 더 힘을 부여할 테니까. 기꺼이 마치 그것이 그냥 지나치는 것인 양 관찰하는 겁니다. 불안 속에서도 행복할 수 있는 겁니다. 미친 짓이 아닐까? 우울 속에서도 행복할 수 있는 겁니다. 그러나 행복에 대한 그릇된 관념에 빠지지는 않는 겁니다. 전에는 행복이란 흥분된 감동이나 짜릿한 기분이라고 생각지 않았던가? 그게 바로 우울을 가져오는 원인이죠. 누군가 그걸 말해 준 게 아니던가? 짜릿한 감동. 좋지. 그러나 바로 다음 차례 우울로 가는 길을 예비하고 있는 겁니다. 짜릿한 감동을 느끼지만 그 뒤의 불안을 맞아들이는 겁니다. 어떻게 이 행복을 지속할 수 있을까? 그건 행복이 아닙니다. 중독이죠.

세상 사람들 중에 중독되지 않은 사람이 얼마나 될지 궁금합니다. 평균적인 사람들이라면 별로 없을 겁니다. 매우 드물겠죠. 알코올이나 약물 중독자를 은근히 멸시하지 마십시오. 어쩌면 여러분도 바로 그들만큼 중독되어 있을 겁니다. 내가 이 새 세상을 처음으로 언뜻 보게 되었을 때 그것은 무섭도록 놀라운 일이었습니다. 머리 둘 곳도 없이 홀로 된다는 것, 누구나를 자유롭게 떠나보내고 스스로 자유로워지는 것, 아무도 편애하지 않고 누구나를 — 사랑이란 그런 것이니까 — 사랑한다는 게 무얼 뜻하는지를 이해한 겁니다. 그것은 선인과 악인을 똑같이 비추고 성인이나 죄인에게나 똑같이 비가 내리게 하는 것입니다.

　장미가 "착한 사람들에게는 향기를 풍기겠지만 나쁜 놈들에게는 안 그러겠다"고 말할 수 있어요? 전등이 "이 방의 착한 사람들에게는 빛을 비추겠지만 나쁜 놈들에게는 안 그러겠다"고 말할 수 있어요? 혹은 나무가 "내 아래에서 쉬는 착한 사람들에게는 그늘을 주겠지만 나쁜 놈들에게는 안 그러겠다"고 말할 수 있어요? 이런 것이 사랑의 모습입니다.

　그런 사랑은 우리의 얼굴을 빤히 쳐다보면서 처음부터 죽 성서 안에 자리 잡고 있었습니다. 그런데도 우리가 거기에 시선을 준 적이 없는 것은 우리 문화가 연가와 연시들을 통해 사랑이라고 부르는 것에 깊이 빠져 있었기 때문입니다. 그건 사랑이 아닙니다. 사랑과 반대됩니다. 욕망이고 통제며 소유죠. 속임수고 두려움이며 불안이지 사랑이 아니죠. 행복이란 부드러운 낯빛, 휴일의 휴양지라나요? 그런 것들이 행복은 아니건만 우리는 행복을 우리 안팎의 다른 것들에 매어 놓는 교묘한 방법들을 가졌습니다. "나는 내 노이로제가 끝날 때까지는 행복해지기를 거부한다"고요? 내가 기쁜 소식을 전해 드리죠. 여러분은 바로 지금 행복해질 수 있습니다. 노이로제를 지닌 채로. 더 기쁜 소식을 원합니까? 인도에서 "아난드"라고 부르는 것을 체험하지 못하는 데는 오로지 한 가지 이유가 있습니다. 지금 이 순간 행복을, 지복을 체험하지 못하는 데는 단 한 가지 이유가 있어요. 가지지 않은 것에 대한 생각 또는 집착이 그겁니다. 그렇지 않다면 여러분은 지복을 체험하고 있을 겁니다. 여러분은 가지지 않은 것에 연연하고 있습니다. 그러나 바로 지금, 여러분은 지복에 드는 데 필요한 모든 것을 가지고 있는 겁니다.

예수께서는 문외한들, 굶주리는 이들, 가난한 이들에게 일상적인 지혜를 들려주고 계셨습니다. 복된 소식을 말씀하고 계셨습니다. 그것은 여러분이 받아들일 몫이라고. 그러나 누가 들어요? 아무도 흥미가 없죠. 차라리 잠들어 있고 싶겠죠.

두려움 — 공격성의 뿌리

세상에는 두 가지만이 존재한다고들 더러 말하죠. 하느님과 두려움, 혹은 사랑과 두려움, 둘뿐이라고. 세상에 악은 하나가 있을 뿐인데, 두려움이라고. 그리고 한 가지 선만이 있는데, 사랑이라고. 사랑은 종종 다른 이름들로 불립니다. 행복·자유·평화·환희·하느님 등등. 그러나 딱지는 실상 중요하지 않습니다. 그리고 세상에는 결국 두려움이라고 할 수 없는 악이란 하나도 없습니다. 단 하나도.

무지와 두려움, 두려움의 원인이 된 무지, 거기서 모든 악이 나옵니다. 거기서 공격성이 나옵니다. 참으로 비공격적인 사람, 공격을 할 수 없는 사람은 두려움이 없는 사람입니다. 오로지 두려울 때 화를 냅니다. 여러분이 최근에 냈던 화에 대해 생각해 보십시오. 그때로 돌아가 보세요. 가장 최근에 화를 낸 일을 생각하고 그 뒤의 두려움을 탐색해 보십시오. 잃을까 봐 두려운 것이 무엇이었습니까? 무엇을 앗길까 봐 두려웠습니까? 거기서 화가 난 겁니다. 화난 사람을 생각해 보십시오. 여러분이 두려워하는 누군가일 수도 있겠죠. 그 사람이 얼마나 두려워하는지 볼 수 있습니까? 정녕 겁내고 있는 겁니다. 실제로. 정말 두렵지 않다면 화내지 않을 겁니다. 결국 사랑과 두려움, 이 두 가지만이 존재합니다.

이쯤 해 두죠. 이 피정에서 나는 차라리 덜 조직적으로 한 주제에서 다른 주제로 거듭 왔다 갔다 하는 방식을 취하고 있습니다. 그게 내가 이야기하려는 것을 진실로 파악할 수 있게 하는 방법이니까요. 내 얘기가 처음에는 충격을 주지 않았다가 다음에 충격이 될지도 모릅니다. 어떤 사람에게는 충격이 되지 않는 것이 다른 사람에게는 충격을 줄 수도 있을 겁니다. 내가 다른 주제들을 취했지만 모두가 같은 일에 대한 얘깁니다. 이를테면 깨달음·사랑·영성·자유·깨어남 등등인데, 무엇이라 하든 실제로는 같은 것들입니다.

깨달음과 현실 접촉

여러분 안팎의 모든 것을 살펴보십시오. 그리고 거기서 무언가가 일어나고 있거든, 아무런 평도 판단도 말고, 어떤 태도도 취하지 말고, 어떤 간섭도 말고 그것을 바꾸려는 시도도 말고, 그저 그것을 이해하려 하면서, 마치 그것이 다른 사람에게 일어나고 있는 것처럼, 바라보십시오. 그렇게 할 때 점차 "나"가 "내 것"과 구별되고 있음을 깨닫기 시작할 것입니다.

아빌라의 성녀 데레사는 일생이 끝날 때쯤 하느님께서 비상한 은총을 주셨다고 말합니다. 물론 현대적인 표현을 쓰지는 않았지만, 요컨대 그건 사실상 그녀와 자신과의 구별이었습니다. 내가 모르는 누군가가 암에 걸렸는데 내가 그 일에 전적으로 마음을 쓰지는 않습니다. 내가 사랑이 있고 민감하다면 도움을 줄 수는 있겠지만 정서적으로 영향을 받지는 않는 겁니다. 네가 시험을 치르게 되는데 내가 크게 마음 졸이지는 않죠. 제법 철학적이 되어 이렇게 말할 수도 있겠죠. "글쎄, 염려할수록 결과는 더 나빠진다네. 공부하는 대신 충분히 휴식을 취하게나." 그러나 막상 내가 시험 치를 차례가 되면 상황이 달라지잖아요? 그 까닭은 "나"가 "내 것"과 동일화했기 때문입니다. 내 가족, 내 나라, 내 재산, 내 몸과 "나"를 동일시한 겁니다. 만일 이런 것들을 나의 것이라고 부르지 않도록 하느님께서 은총을 주신다면? 나는 초연해질 것입니다. 내가 구별될 것입니다. 이것이 몰아라는 것입니다. 이것이 자기를 부정한다, 자기를 버린다는 것이 의미하는 것입니다.

좋은 종교 — 깨닫지 못함의 정반대

언젠가 어느 모임에서 어떤 분이 내게 다가와서 "파티마의 성모"에 대해 어떻게 생각하느냐더군요. 여러분은 어떻게 생각하십니까? 그런 질문을 받을 때면 나는 이런 이야기가 생각납니다. 순례자들이 파티마의 성모상을 싣고 프랑스 남녘 상공을 날아가고 있는데 비행기가 마치 분해돼 버릴 듯이 몹시 흔들리기 시작합니다. 그러자 그 기적의 성모상이 외칩니다. "루르드의 성모여, 우리를 위해 빌으소서!" 그리고 만사태평. 한 "성모"가 또 다른 "성모"를 돕다니 놀랍잖아요?

천 명의 사람들이 멕시코시티에 있는 과달루페의 성모 성지에 순례를 가서 그 성모상 앞에 무릎 꿇고, 그곳 교구장 주교가 "루르드의 성모"를 그 교구의 수호자로 선포한 데 항의한 적도 있습니다. 과달루페의 성모께서 매우 언짢아하시리라고 생각하고 그 무례함에 대한 "보속"으로 항의를 한 거죠.

난 힌두교도들에게는 이렇게 말합니다. "여러분의 사제들이 이 말을 들으면 기분 나쁘시겠지만 (보십시오, 오늘 아침 내가 얼마나 신중한지) 예수 그리스도에 따르면 하느님은 여러분의 경배를 받기보다 여러분이 변화되는 걸 훨씬 더 좋아하실 겁니다. 여러분의 숭배보다 여러분의 사랑을 훨씬 더 기뻐하실 겁니다." 또 회교도들에게는 이렇게 말합니다. "아야톨라[8]와 물라[9]들이 들으면 기분 나쁘시겠지만 하느님은 여러분이 '주여, 주여' 하는 것보다 사랑하는 사람으로 변하는 걸 훨씬 더 기뻐하실 겁니다." 깨어나는 것이야말로 무한히 더 중요합니다. 그것이 영성이고 그것이 모든 것입니다. 깨달음을 가진다면 하느님을 가지는 것입니다. 그때 "영적으로 참되게" 경배하는 것입니다. 여러분이 사랑이 될 때, 여러분이 사랑으로 변할 때.

　밀라노 대교구장 마르티니 추기경이 한 이야기에 종교가 초래할 수 있는 위험이 어떠한지 잘 드러나 있습니다. 이탈리아인 신혼부부가 성당 뜰에서 간단히 잔치를 베풀기로 본당 주임신부와 약속이 되어 있었는데, 비가 와서 잔치를 베풀 수 없게 되자 신부에게 말합니다. "성당 안에서 축하 잔치를 해도 괜찮을까요?" 신부는 성당 안에서 잔치라니 전혀 달갑지 않지만, "우린 그저 케이크를 조금 먹고 술을 조금만 마시고 노래를 조금만 하고 그러고는 돌아가겠습니다" 하는 그들의 설득에 넘어갑니다. 그러나 삶을 매우 즐기는 이탈리아인들인지라 술을 조금 마시고 노래를 조금 한 다음 술을 조금만 더 마시고 노래를 조금만 더 부르고 그러다 보니 반 시간 이내에 성당 안에서 큰 잔치판이 벌어집니다. 모두들 신명이 나서 멋진 시간을

---

[8] *Ayatollah*: 시아파 회교에서 신앙심과 학식이 뛰어난 인물에게 주는 칭호.
[9] *mullah*: 회교 율법학자에 대한 경칭.

보내는 거죠. 그러나 주임신부는 제의실을 오락가락하며 잔뜩 긴장해 있습니다. 그들이 내는 소음에 크게 당황한 거죠. 그때 보좌신부가 제의실에 들어옵니다. "매우 긴장돼 보이시는데요."

"당연하지. 긴장되고말고. 저 질러 대는 소리 좀 들어 봐요. 하느님의 집에서. 맙소사!"

"하지만 신부님, 정말 달리 갈 데가 없었잖습니까."

"나도 알아요! 하지만 꼭 저렇게 야단법석을 떨어야 한담?"

"우린 잊어서는 안 되잖아요, 신부님, 예수님도 친히 혼인잔치에 참석하셨다는 사실을!"

"예수 그리스도께서 결혼식 피로연에 참석하셨다는 건 나도 알아요. 그걸 내게 알려 줄 필요는 없어요! 그러나 그때 그들은 거기 성체를 모시고 있지는 않았다구요!!!"

예수 그리스도보다 성체가 더 중요해질 때가 있죠. 예배가 사랑보다, 교회가 삶보다 더 중요해질 때. 하느님이 이웃보다 더 중요해질 때 등등. 그게 위험한 겁니다. 내 생각에는 이거야말로 예수께서 우리에게 호소하신 겁니다 — 맨 먼저 할 것을 맨 먼저 해라! 인간이, 안식일보다는 인간이 훨씬 더 중요하다! 내가 그대들에게 말하는 것을 행하는 것이 "주여, 주여" 하는 것보다 훨씬 더 중요하다! 먼저 지금 내가 그대들에게 제시하고 있는 그런 사람이 되어라! 그러나 여러분의 물라는 그런 말을 들으면 기분이 나쁘죠. 여러분의 사제들은 그런 말에 속이 상하죠. 일반적으로 그래요. 그래서 우리는 이야기를 해 온 겁니다. 영성에 대해서, 깨어남에 대해서. 이미 이야기한 대로, "자기 관찰"이라는 것을 행하고자 깨어나기를 원한다는 건 극히 중요합니다. 여러분이 말하고 있는 것, 말하고 있는 그것을 자각하십시오. 여러분이 어떻게 행동하고 있는지, 어떻게 행위하고 있는지 의식하십시오. 그것이 어디서 오고 여러분의 동기들이 무엇인지 깨달으십시오. 깨닫지 못한 삶은 살 보람이 없습니다.

깨닫지 못한 삶은 기계적인 삶입니다. 사람다운 삶이 아닙니다. 조종되고 조건화된 삶이죠. 돌덩어리나 나무토막과 같습니다. 내가 태어난 나라에는 극심한 가난 속에서 조그만 오막살이에 살며 간신히 연명하는 사람들이 무수히 있습니다. 온종일 힘든 막일을 하고, 잠을 자다가 아침에 일어나 무언가를 먹고는 다시 그런 삶을 되풀이하고 있습니다. 그런데 여러분은 물러앉아 생각합니다. "비참한 삶이군." "저렇게밖에 살 수 없는 걸까?" 그러다 문득, 이 세상 사람 99.999%가 그들보다 썩 나을 것이 없음을 깨닫는 겁니다. 여러분은 극장에도 갈 수 있고 드라이브를 할 수도 있으며 유람을 할 수도 있으니 그들보다야 훨씬 낫다고 생각하십니까? 여러분도 그들처럼 죽어 있습니다. 그들만큼 기계입니다. 덩치는 좀 크지만 역시 기계죠.

슬픈 일입니다. 사람들이 이런 식으로 살아가다니.

사람들은 고정관념을 지닌 채 살아갑니다. 변하지 않습니다. 무슨 일이 일어나고 있는지 도무지 모르고 있습니다. 나무토막, 바위 덩어리, 혹은 말하고 걷고 생각하는 기계죠. 사람답지 않아요. 주위의 온갖 것들에 의해 꿈틀거리는 꼭두각시죠. 단추 하나 누르면 한 가지 반응이 나타나는 거죠. 이 사람은 이런 행동에 이렇게 반응할 거라고 거의 예측할 수 있는 겁니다. 어떤 사람을 연구한다면 그 사람이 나타낼 반응들을 족집게처럼 꼬집어낼 수도 있는 겁니다. 내 치료 그룹을 두고 나는 종종 종이에다가 아무개는 치료 과정을 이렇게 시작하게 되고 아무개는 저렇게 응수할 것이다라고 적습니다. 나쁜 일이라고요? 글쎄요, "너 자신을 잊어라! 밖으로 나가 다른 사람들에 대한 사랑으로 들어가라"고 하는 사람들 말을 듣지 마십시오. 당치 않은 소리! 돕겠다고 남들에게로 나아가면서 자기 자신을 잊어버리는 것이야말로 여러분이 할 수 있는 가장 나쁜 일입니다.

이것은 여러 해 전에 내가 시카고에서 심리학을 공부할 때 대단히 강력하게 내게 다가온 문제였습니다. 우리는 신부들을 위한 상담 과정을 거치고 있었는데, 실제로 상담에 종사하고 있고 상담 사례를 녹음해서 강의 시간에 가져오기로 동의한 신부들에게만 개방된 과정이었죠. 스무 명쯤이었을 겁니다. 내 차례가 되자 나는 한 젊은 여성과의 면담을 녹음한 테이프를 가져왔습니다. 지도 선생이 녹음을 들었고 우리 모두 듣기 시작했습니다. 오 분 후에 관례대로 지도 선생은 테이프를 중지시키고 비평할 게 있느냐고 했습니다. 누군가가 나에게 묻더군요. "왜 그녀에게 그런 질문을 했지요?" "나는 질문을 한 기억이 없는데요. 사실은 아무 질문도 하지 않았던 걸로 믿습니다." "질문을 하셨습니다." 그 당시 나는 인간 중심적이고 비지시적인 칼 로저스의 상담법을 의식하며 실습을 하고 있었습니다. 질문을 하지 않고 간섭이나 충고를 하지 않는 방법이죠. 그래서 나는 질문을 해서는 안 된다는 걸 강하게 의식하고 있었어요. 아무튼 우리 사이에 논쟁이 벌어졌습니다. 그래서 지도 선생이 "테이프를 다시 들어 볼까요?" 했고, 우리는 테이프를 다시 들었는데, 뜻밖에도 엄청나게 큰 질문, 엠파이어 스테이트 빌딩만큼이나 거대한 질문이 하나 들어 있지 뭡니까. 내 흥미를 자극한 건 내가 그 질문을 이미 세 차례나 들었다는 사실입니다. 첫 번째는 질문을 하면서, 두 번째는 내 방에서 테이프를 들으면서(수업에 녹음이 잘 된 테이프를 가져가고 싶었으니까요), 그리고 세 번째는 강의실에서. 그런데도 기억을 못하다니! 나는 자각하지 못했던 겁니다.

그런 일은 나의 치료 과정이나 나의 영성 지도에서 자주 일어납니다. 우리는 면접 과정을 녹음하는데, 내담자에게 그걸 들려주면 이렇게 말하죠. "저, 면담 동안 난 신부님 말씀을 진지하게 듣지 못했어요. 테이프를 듣고서야 비로소 신부님 말씀을 들은 거죠." 더 흥미로운 건 면담 동안 **내가** 말한 것도 **내가** 듣지 못했다는 겁니다. 내가 행하는 치료 과정에서 나 자신도 자각 못하는 것을 이야기하고 있음을 발견한다는 건 기가 막힐 노릇이죠. 한 보따리 늘어놓았던 게 나중에야 아 그랬던가 싶단 말예요. 그게 **인간답다**고요? "너 자신을 잊고 다른 사람들에게로 나아가라"고요?!

아무튼, 테이프를 듣고 나자 지도 선생은 더 평할 것이 있느냐고 했습니다. 내가 호감을 느꼈던 오십 대의 한 신부가 말했습니다. "토니, 한 가지 사적인 질문을 해도 되겠소?" "그러십시오. 대답하고 싶지 않으면 않겠습니다." "면접한 그 여자, 예쁩디까?"

솔직히 그때 난 누구의 외모에 마음 쓰지 않는 그런 발육 (혹은 미발육) 단계에 있었다구요. 그런 건 내게 중요하지 않았어요. 그녀는 그리스도의 양떼 중의 한 마리 양이었죠. 나는 목자였고. 나는 도움을 베푼 거라구요. 훌륭하잖아요? 우리가 훈련받은 대로. 그래서 난 말했죠. "그게 무슨 상관입니까?" "그녀를 좋아하지 않았던 게로군요?" "뭐라고요?!"

내가 어느 개인을 좋아하고 말고가 내게 절실했던 적은 없었어요. 대부분의 사람들처럼, 사람을 싫어한 기억은 있지만 내 태도는 대체로 중립적이었죠. "무슨 근거로 그런 말을?" "그 테이프 때문이오." 우리는 테이프를 또 들었습니다. "당신 목소리를 들어 봐요. 어느 정도나 부드러웠는지 살펴보세요. 화가 나 있었잖아요?" 나는, 나는 바로 그 자리에서야 비로소 깨달았습니다. 그러고도 내가 그녀에게 말하고 있던 것이 비지시적이었다고? "다시는 오지 마시오"라고 말하고 있었던 셈인데, 그걸 나는 깨닫지 못했던 겁니다. "그 사람은 여잡니다. 알아차렸을 걸요. 언제 다시 만나기로 돼 있지요?" "다음 주 수요일." "내 짐작으로는 다시 안 올 것 같군요." 그녀는 오지 않았습니다. 한 주일을 기다렸지만 오지 않았습니다. 또 한 주를 기다려도 오지 않았습니다. 그래서 전화를 걸었죠. 스스로 내 규칙 한 가지를 어긴 겁니다. 구조자가 되지 말라는 규칙을.

나는 전화로 말했습니다. "테이프를 강의에 활용하도록 허락해 주신 일 기억하세요? 큰 도움이 되었어요. 동료 수강자들이 나에 대해 여러 가지를 지적해 주었거든요. (무엇을 지적당했는지는 말하지 않았습니다!) 그게 우리 면담에 어느 정도 나은 효과가 있을 것 같군요. 다시 오실 의향이 있다면 …." "좋아요. 가죠." 그녀는 다시 왔습니다. 싫은 감정은 여전히 있었습니다. 그러나 그게 가시지는 않아도 방해가 되지는 않았습니다. 사람이 무언가를 깨달아 알고 있으면 그것을 마음대로 할 수 있고, 깨달아 알고 있지 못하면 그것이 사람을 마음대로 합니다. 깨닫지 못한 것에 노예가 되게 마련입니다. 무엇을 깨달을 때 그것에서 해방됩니다. 그것은 여전히 거기 있지만 그 영향을 받지 않습니다. 조종되지 않죠. 속박되지 않죠. 그게 다른 겁니다.

깨달음, 깨달음, 깨달음, 깨달음. 그 과정에서 우리가 훈련받은 것은 참여적 관찰자가 되는 일이었습니다. 다소 도식적으로 설명하자면 이런 얘기죠. 내가 너에게 이야기를 하면서 동시에 그 장면에서 벗어나 너를 바라보고 나를 바라본다. 내가 너의 말을 들을 때, 나로서는 너보다 나에게 귀 기울이는 게 훨씬 더 중요하다. 물론 너에게 귀 기울이는 것도 중요하지만 나에게 귀 기울이는 게 더 중요하다. 내 말을 듣고 있지 않으면 네 말을 듣고 있는 게 아니다. 혹은 네 말을 모두 왜곡하고 있는 거다. 나 자신의 조건화에서 비롯해서 너를 만나고 있는 거다. 내 불안정, 너를 조종하려는 내 욕구, 성공하려는 욕망, 노여움, 아마 내가 자각하지 못하고 있을 감정들에서 유래하는 온갖 수단들로 너에게 반응하고 있는 거다. 그래서 내가 네 말을 듣고 있을 때 내가 나에게 귀 기울인다는 건 그처럼 중요한 거다. 이것이 깨달음을 얻는 일을 우리에게 훈련시키는 과정이었습니다.

반드시 자신이 어딘가 공중에 떠돌고 있는 것처럼 상상할 필요는 없습니다. 이 얘기를 대강 이해하기 위해 한 노련한 운전사를 상상해 봅시다. 차를 몰면서 그는 뒷자리에 앉은 사람의 말에 정신을 집중하고 있습니다. 실제로 토론까지 벌일 수도 있습니다. 그러나 그는 완벽하게 도로 표지판들을 인식합니다. 곤란한 어떤 일이라도 벌어지거나 어떤 소리, 굉음뿐 아니라 어떤 잡음이라도 들리면 즉각 감지할 수 있습니다. 이를테면 "뒷문 잘 닫았나?"라고 묻게 되죠. 어떻게 그걸 알았을까요? 계속 의식하고 있는 겁니다. 방심하지 않는 거죠. 주의의 초점은 대화 혹은 토론에 모아져 있지만 의식은 더 널리 확산되어 있는 거죠. 온갖 사물을 수용하고 있는 겁니다.

내가 여기서 강조하려는 건 정신 집중이 아닙니다. 그건 중요하지 않습니다. 많은 명상법들이 정신 집중을 가르치지만 나는 그걸 경계합니다. 거기에는 사나운 강요가 들어 있고 나아가 자주 조종과 제약이 내포되어 있습니다. 내가 주장하는 건 깨달음이고, 그건 정신 집중과 전혀 같지 않습니다. 정신 집중은 하나의 집중 조명이죠. 의식의 범위 안에 들어오는 어떤 것에라도 열려 있고 그래서 그런 것에 의해 산란해질 수도 있죠. 하지만 깨달음을 실천하고 있다면 열려 있으면서도 결코 산란해지지 않습니다. 깨달음이 작동되어 있을 때는 혼란이란 다시는 없습니다. 어떤 일이 일어나든 항상 그것을 깨닫고 있기 때문입니다.

내가 저 나무들을 보고 있는데 또한 무슨 근심도 하고 있다고 합시다. 내가 혼란해질까요? 내가 나무들에 정신을 집중할 생각일 경우에만 혼란해지죠. 그러나 내가 심란하다는 것도 깨닫고 있으면 그것은 전혀 혼란이 아닙니다. 주의가 어디로 향하는지를 그저 깨닫기만 하십시오. 어떤 일이 염려스럽게 되거나 곤란한 일이 생길 때 즉시 경계하게 됩니다. 무언가가 잘못되고 있다! 의식 속에 부정적인 감정이 유입되는 순간 경계하게 되죠. 저 노련한 운전사처럼.

아빌라의 성녀 데레사가, 자기를 자기 자신과 구별할 수 있게 하는 은총을 하느님께서 주셨다고 말했다는 이야기를 한 바 있습니다. 어린이의 말을 들어 보면 그런 식으로 이야기합니다. 두 살 난 아이가 "토미는 오늘 아침 밥 먹었다" 합니다. 제가 토미이면서도 "나"라고 하지 않고 "토미"라고 삼인칭으로 말하죠. 신비가들도 그렇게 느낍니다. 그들은 자신과 구별하였기에 평화롭습니다.

이것이 성녀 데레사가 말한 은총입니다. 이것이 동양의 신비가 스승들이 우리에게 발견하도록 촉구해 마지않는 "나"입니다. 또 서양의 신비가 스승들도! 그 가운데 한 분으로 마이스터 에크하르트를 꼽을 수 있죠. 신비가들은 "나"를 발견하라고 촉구하고 있습니다.

딱지들

중요한 것은 "나"가 누구인지 혹은 "나"가 무엇인지를 아는 게 아닙니다. 아무도 그걸 알아내지는 못할 겁니다. 그걸 설명할 수 있는 말이란 없습니다. 중요한 건 딱지들을 떼어 내는 겁니다. 일본인 선사禪師들이 "진리를 찾지 말라, 그저 너의 견해들을 제거하라"고 하는 것처럼. 이론들을 버리십시오. 진리를 찾지 마십시오. 진리는 구할 것이 아닙니다. 판단을 중지하면 알게 됩니다. 딱지들에 관해서도 비슷한 일이 일어납니다. 딱지들을 버리면 알게 됩니다. 내가 말하는 딱지란 무엇일까요? 아마 인간이라는 딱지는 제외하고, 생각할 수 있는 모든 딱지를 말합니다. "나는 인간이다." 충분히 훌륭한 표현인데, 별로 큰 의미는 없죠. 그러나 "나는 성공했다" 하면 그건 미친 소리죠. 성공이 "나"의 일부는 아닌 겁니다. 성공은 오고 갑니다. 오늘은 왔다가 내일이면 갈 수도 있는 거죠. "나"가 아니죠. "나는 성공이다" 한다면 틀린 말이고 어둠 속으로 뛰어든 겁니다. 성공과 동일화한 거죠. "나는 실패다, 변호사다, 사업가다" 하는 것도 마찬가지입니다. 이런 것들과 동일화하면 어떻게 될지 여러분은 아시죠. 그것들에 집착하거나 그것들이 떨어져 나갈까 봐 걱정하게 되고, 바로 거기서 고통이 시작되는 겁니다. "고통을 겪고 있다면 잠들어 있는 것이다"라고 내가 앞서 말한 것이 바로 그런 뜻입니다. 잠들어 있다는 증거를 원한다면 바로 여기 있습니다. 고통. 고통은 진리와의 접촉을 벗어나 있다는 증거인 겁니다. 신체적 통증이 어딘가 병에 걸렸거나 잘못되었음을 알아차리게 하는 것처럼, 고통은 진리에 눈뜰 수 있도록, 어딘가 거짓된 것이 있음을 이해할 수 있도록 하기 위해 주어집니다. 고통은 어딘가에 거짓됨이 있음을 지적해 줍니다. 환상이 현실과, 거짓이 진리와 부딪칠 때 고통을 겪습니다. 그렇지 않으면 고통이란 없는 겁니다.

행복의 장애

좀 허풍처럼 들리겠지만 사실입니다. 다가오는 시간이 여러분의 일생에 가장 중요한 순간이 될 수도 있을 겁니다. 내가 말하려는 이것을 파악할 수 있다면 여러분은 깨달음의 비결을 발견할 겁니다. 영원히 행복할 겁니다. 다시는 불행하지 않을 겁니다. 어떤 것도 다시는 상처를 줄 힘이 없어질 겁니다. 그 어떤 것도. 그것은 공중에 먹물을 뿌리는 것에 비유할 수 있겠습니다. 먹물을 뿌린다고 해서 공기에 먹칠이 되지는 않죠. 공기에 검은 칠을 할 수는 없는 겁니다. 어떤 일이 생겨도 여러분은 영향을 받지 않은 채 평화롭습니다. 이것이 내가 사람답다고 부르는 것입니다. 이것을 성취한 사람들이 있습니다. 이것은 사건들이나 사람들이 어떻게 느끼라고 가르쳐 주는 대로 이리저리 꿈틀대는 꼭두각시가 되는 그런 어리석은 짓이 아닙니다. 이런 어리석은 짓을 계속 느낄 때 그걸 가리켜 상처받기 쉽다고들 합니다. 하하! 그걸 나는 꼭두각시가 되는 거라고 부르는 겁니다. 여러분은 꼭두각시가 되고 싶어요? 단추 하나 누르면 의기소침해지고, 그런 게 좋아요? 그러나 그따위 어떤 딱지들과도 동일화하기를 거부한다면 여러분의 걱정들은 대부분이 끝나는 겁니다.

  나중에 우리는 질병과 죽음의 두려움에 대해 이야기하겠지만 보통 여러분은 성공에 무슨 장애가 생길까 염려하고 있습니다. 한 중늙은이 삼류 실업가가 어느 술집 바에서 맥주를 홀짝거리면서 뇌까

립니다. "아, 내 동창들은 진짜 성공했는데." 바보 소리! "그들이 성공했다"니 무슨 말입니까? 신문에 이름이 나는 사람들이라는 얘긴데, 그걸 성공이라고요? 사장이 되고, 법원장이 되고, 그 밖에 이런 저런 사람이 되고. 원숭이들이죠, 모두들.

성공이란 무슨 뜻인지를 누가 결정합니까? 이 어리석은 사회죠! 사회의 심각한 편견이 사회를 계속 병들게 하는 겁니다! 그걸 빨리 깨달을수록 좋습니다. 모두들 병들어 있는 겁니다. 바보죠. 미쳤어요. 정신병원의 원장이 되었다고 자랑하지만 그건 아무 의미도 없는 겁니다. 사장이 되고 많은 돈을 벌고 하는 건 인생에 성공하는 것과 무관한 겁니다. 깨어날 때 인생에 성공하는 겁니다. 그때는 아무에게도 변명할 필요가 없고 아무에게 아무것도 설명할 필요가 없으며, 누가 자기에 관해 무슨 생각을 하든 무슨 말을 하든 아랑곳하지 않습니다. 아무 근심이 없고 행복합니다. 내가 성공이라고 부르는 것은 그런 것입니다. 좋은 직업을 가지거나 유명해지거나 좋은 평판을 듣는 건 행복이나 성공과는 절대 무관합니다. 전혀! 전적으로 무의미한 겁니다. 실제로들 염려하는 건 자녀들이, 이웃들이, 아내가 자기를 어떻게 생각할지 따위죠. 유명해져야겠는데 그렇지 못하다는 그런 거죠. 우리 사회와 문화가 밤낮 그런 걸 우리 머릿속에 주입시키고 있어요. 성공했다는 사람들! 무얼 성공했다는 겁니까?! 바보가 되는 데 성공한 거죠. 무가치한 걸 얻기에 온 힘을 쏟았으니까. 그들은 두렵고 심란해져 있는 겁니다. 그들도 다른 사람들처럼 꼭두각시들인 겁니다. 무대를 가로지르며 걷는 그들의 꼴을 보십시오. 셔츠에서 얼룩이라도 한 점 발견하면 얼마나 당황하는지 보십시오. 그런 걸 성공이라고요? 그들이 재선될 수 없으리라는 예상에 얼마나 놀라는지 보십시오. 그런 게 성공인가요? 그들은 통제받고 있고 조종되고 있는 겁니다. 불행한 사람들이죠. 가엾은 사람들이죠. 삶을 즐기지 못해요. 항상 긴장해 있고 불안하죠. 그게 사람다운 겁니까? 왜 그런 일이 생기는지 아십니까? 단 한 가지 때문입니다. 어떤 딱지와 동일화했기 때문입니다. "나"를 돈이나 일이나 직업과 동일시한 겁니다. 그게 잘못이었던 겁니다.

배관공과 변호사 이야기를 들어 보셨습니까? 변호사가 "이봐요, 시간당 이백 달러씩이나 청구하다니. 난 변호사인데도 그렇게는 벌지 못해요" 하니까, 배관공은 "나도 변호사였을 땐 그렇게는 못 벌었죠!" 하더랍니다. 배관공 · 변호사 · 사업가 · 성직자, 무엇이 되든 그게 핵심인 "나"에 영향을 미치지는 못합니다. 내가 만일 내일 직업을 바꾼다면 그건 옷을 갈아입는 것과 같을 뿐, 나와는 무관합니다. 사람이 옷인가요? 이름인가요? 직업인가요? 그런 것들과의 동일화를 멈추십시오. 그런 것들은 왔다가는 가는 것들입니다.

이것을 진실로 이해하면 어떤 비난도 영향을 미칠 수 없습니다. 또 어떤 아부나 칭찬도. 누군가가 "너 대단한 녀석이야" 한다면 그게 무슨 말입니까? "내 것"에 대한 말이죠. "나"에 대한 말이 아닙니다. "나"는 대단하지도 보잘것없지도 않습니다. "나"는 성공도 실패도 아닙니다. 이런 딱지들이 아닌 겁니다. 이런 것들은 왔다가는 가는 것들입니다. 사회가 설정한 기준에 의존해 있는 겁니다. 여러분의 조건화에, 바로 지금 그런 말을 하게 된 사람의 기분에 의존해 있는 겁니다. "나"와는 무관합니다. "나"는 이런 딱지들과 전혀 무관합니다. "내 것"은 대개 이기적이고 어리석고 유치합니다. 커다란 바보 당나귀죠. 그러니 여러분이 나더러 "당신은 바보 당나귀요" 하더라도 나로서는 여러 해 동안 알고 있었던 새삼스런 말일 뿐입니다! 조건화된 자기, 거기서 무얼 기대했소? 난 그걸 여러 해 동안 알고 있었다구요. 왜 동일시를 합니까? 어리석긴! 그건 "나"가 아니라 "내 것"인 겁니다.

행복하고 싶습니까? 부단한 행복은 어떤 원인에 의해 생기지 않습니다. 진정한 행복은 원인이 없습니다. 네가 나를 행복하게 만들 수는 없습니다. 너는 나의 행복이 아닌 겁니다. 깨달은 사람에게 "당신은 어째서 행복하오?" 하고 물으면 깨달은 사람은 "왜 내가 행복하지 않겠소?"라고 대답합니다.

행복은 우리의 본래 상태입니다. 사회와 문화의 어리석음에 오염되기 전에 천국이 그들의 것인 그런 어린이들의 자연적인 상태입니다. 행복을 얻기 위해 무언가를 할 필요는 없습니다. 행복은 얻는 것이 아닌 겁니다. 왜 그런지 누가 아십니까? 이미 가졌기 때문이죠. 이미 가진 것을 어떻게 얻을 수 있어요? 그런데 왜 그것을 체험하지 못할까요? 무언가 버려야 할 걸 가졌기 때문입니다. 환상들을 버려야 합니다. 행복해지기 위해 무언가를 보탤 필요는 없습니다. 버려야 합니다. 삶은 쉽습니다. 삶은 기쁨입니다. 환상·야망·탐욕·욕심 때문에 힘들 뿐입니다. 이런 것들이 어디서 오는지 아십니까? 온갖 딱지들과 동일화하는 데서 오는 겁니다.

지혜에 이르는 네 단계

첫째로 필요한 것은 자각 못한 부정적 감정들과 접촉하는 일입니다. 많은 사람들이 자기도 모르게 부정적 감정들을 가지고 있습니다. 많은 사람들이 우울해 있으면서 우울하다는 걸 의식 못하고 있습니다. 얼마나 우울했는가를 비로소 이해하는 때는 기쁨을 접할 때뿐입니다. 검진되지 않은 암을 치료받을 수는 없습니다. 존재를 알아채지 못한 농장의 바구미들을 퇴치할 수는 없습니다. 필요한 첫째 일은 부정적 감정들에 대한 자각입니다. 무슨 부정적 감정? 예컨대, 음울. 여러분은 음울하고 침울하게 느끼고 있습니다. 자기 혐오감이나 죄의식을 느낍니다. 삶이 속절없다고, 무의미하다고 느낍니다. 상심하고, 신경질을 부리거나 긴장을 합니다. 그런 감정들을 먼저 만나십시오.

둘째 단계는 (우리는 네 단계를 살필 것입니다) 그런 감정이 여러분 안에 있는 것이지 현실 안에 있는 것이 아님을 이해하는 것입니다. 이건 매우 자명한 얘긴데, 하지만 사람들이 그걸 알고 있다고 생각하십니까? 그렇지가 않습니다. 정말입니다. 철학박사 학위를 받은 대학 총장들도 그걸 이해하지 못했습디다. 그들은 나에게 학교생활하는 법을 가르쳐 주지는 않았어요. 그 밖의 온갖 것을 가르쳐 주었죠. "나는 제법 좋은 교육을 받았지만 그 교육을 극복하는 데 여러 해가 걸렸다"고 어떤 사람이 말한 것과 같은 얘기죠. 아시다시피 영성은 바로 그런 것과 관련이 있습니다. 버리십시오. 사람들이 가르쳐 준 온갖 쓸데없는 것들을 버리십시오.

부정적 감정들은 여러분 안에 있습니다. 현실 안에 있지 않습니다. 그러니 현실을 변화시키려 하기를 멈추십시오. 그건 미친 짓입니다! 다른 사람을 바꿔 놓으려 하기를 그만두십시오. 우리는 모든 시간과 정열을 외적 상황들을 바꾸려는 데, 배우자·사장·친구·적, 그 밖의 모든 사람들을 변화시키려는 데 허비하고 있습니다. 아무것도 바꿀 필요가 없습니다. 부정적인 감정들은 우리 안에 있습니다. 지상의 어느 누구도 우리를 불행하게 할 힘은 없습니다. 지상의 어떤 사건도 우리를 혼란시키고 상심케 할 힘은 없습니다. 어떤 일, 어떤 조건, 어떤 상황도, 혹은 어떤 사람도. 아무도 우리에게 이것을 말해 주지 않았습니다. 정반대 얘기를 했죠. 그래서 지금 여러분이 뒤죽박죽인 겁니다. 그래서 잠들어 있는 겁니다. 사람들은 이것을 말해 주지 않았습니다. 그러나 이건 자명한 것입니다.

비가 와서 소풍을 망쳤다고 합시다. 누가 기분이 나빠집니까? 비입니까, 나입니까? 무엇이 부정적 감정을 일으킵니까? 비입니까, 나의 반응입니까? 무릎을 탁자에 부딪쳤다 했을 때 탁자는 잘못이 없습니다. 탁자는 생긴 대로 탁자 노릇 하느라고 바쁘죠. 아픈 데는 무릎이지 탁자가 아니죠. 신비가들은 늘 우리에게 현실이란 모두 옳다고 말해 주고자 합니다. 현실에 문제가 있는 게 아닙니다. 인류를 이 지상에서 치워 버려도 생명은 지속될 것입니다. 그 사랑스러움과 공격성을 고스란히 유지하면서 자연은 존속할 것입니다. 어디에 문제가 있어요? 전혀 문제가 없죠. 여러분이 문제를 만드는 겁니다. 여러분이 바로 문제인 겁니다. "내 것"과 동일화했고 그것이 문제인 겁니다. 그 감정들은 여러분 안에 있지 현실에 있지 않습니다.

  셋째 단계는 그 감정과 결코 동일화하지 않는 것입니다. 그것은 "나"와 무관합니다. 여러분의 본질적 자기를 그런 감정에 따라 정의 내리지 마십시오. "내가 우울하다"고 말하지 마십시오. "그것이 우울이다"고 말한다면 그건 좋습니다. 우울이 저기 있다, 침울함이 저기 있다고 말한다면 그건 좋아요. 그러나 내가 침울하다고 말하는 건 안 됩니다. 그건 그 감정에 맞춰서 자신을 정의 내리는 겁니다. 그건 환상입니다. 착오인 겁니다. 바로 지금 저기 우울이 있고 바로 지금 저기 상처받은 감정이 있지만 그대로 내버려 두십시오. 홀로 놓아두십시오. 지나가고 말 겁니다. 모든 것은 지나갑니다. 모든 것이. 우울한 기분들과 짜릿한 감동들은 행복과 무관합니다. 그런 것들은 진자의 왕래 운동에 불과합니다. 신나고 짜릿함을 추구한다면 우울을 준비하는 것입니다. 약물을 원합니까? 중독을 각오해야 합니다. 진자 운동의 한 번 끝은 다음번으로 이어지니까요.

이것은 "나"와 무관합니다. 행복과 무관합니다. "내 것"이죠. 이 점을 명념한다면, 일천 번 되뇌인다면, 이 세 단계를 일천 번 거친다면, 목표에 도달할지, 단 세 번도 필요 없을지, 나로서는 알 수 없습니다. 법칙은 없어요. 그러나 일천 번이라도 실행하십시오, 그러면 일생일대의 발견을 이룰 것입니다. 알래스카의 황금 광산 따위는 집어치우십시오. 그 황금으로 무얼 하려는 겁니까? 행복하지 않다면 살 수 없습니다. 불행한데도 황금을 발견한들 무슨 소용입니까? 여러분은 왕입니다. 왕비입니다. 여러분은 자유롭습니다. 수용받든 거부당하든 마음 쓰지 않게 되는 겁니다. 이러나저러나 다를 게 없는 겁니다. 심리학자들은 소속감이 얼마나 중요한지를 말합니다. 실없는 소리! 왜 남에게 소속되려 합니까? 그런 건 이제 중요하지 않습니다.

한 친구에게서 들은 얘긴데, 추방이 극형이 되는 아프리카 부족이 있답니다. 누가 뉴욕에서 쫓겨난다 해도 어디 가서 살든 죽지는 않겠죠. 그런데 그 부족에서 추방된 사람이 죽는 건 어찌된 일일까요? 인간성의 공통된 어리석음을 그도 지녔기 때문입니다. 소속되지 않고는 살 수 없다고 생각했던 거죠. 추방된다고 해서 대부분의 사람들과 전혀 달라지는 걸까요? 그는 자기가 소속될 필요가 있다고 확신했던 겁니다. 그러나 여러분은 누구에게도, 어떤 것에도, 어떤 단체에도 소속될 필요가 없습니다. 심지어 사랑받을 필요도 없습니다. 사랑받아야 한다고 누가 그랬습니까? 필요한 것은 자유로워지는 것입니다. 필요한 것은 사랑하는 것입니다. 그것이 여러분의 본성입니다. 그런데 여러분이 사실상 내게 이야기하고 있는 건 성공하고 싶다, 칭찬받고 싶다는 겁니다. 온갖 하찮은 원숭이들의 추종을 받고 싶다는 겁니다. 삶을 낭비하고 있는 거죠. **깨어나십시오!** 그런 건 필요 없습니다. 그런 것 없이도 지극히 행복할 수 있습니다.

여러분의 사회는 이런 말을 듣기 좋아하지 않겠죠. 눈을 뜨고 이것을 이해할 때 무서워질 테니까. 이런 말을 하는 사람을 어떻게 통제할 수 있겠어요? 그런 사람은 남들이 필요 없습니다. 남들의 비판에 위협받지 않습니다. 남이 자기를 두고 무엇을 생각하고 무엇을 말하든 상관하지 않습니다. 연줄을 모두 끊어 버립니다. 이미 꼭두각시가 아닙니다. 무서운 사람이죠. 그래서 "그를 제거해야 한다. 그는 진리를 말한다. 그는 두려움이 없어졌다. 그는 인간답기를 그만뒀다" 하는 겁니다. 인간답기를 그만뒀다고! 저런! 이제야 참 인간이 되었는데! 그는 종살이를, 그의 감옥을 뚫고 나온 것입니다.

어떤 사건도 부정적 감정을 정당화하지 못합니다. 부정적 감정을 정당화할 상황이란 세상에 없습니다. 모든 신비가들이 목청을 돋우어 우리에게 해 온 이야기가 이것입니다. 그러나 아무도 귀 기울이지 않습니다. 부정적 감정은 여러분 안에 있습니다. 힌두교 성전聖典 『바가바드기타』에 보면 크리슈나 신神이 아르유나[10]에게 "전투의 열기 속에 뛰어들되 너의 마음은 신의 연꽃 발치에 머물게 하라"고 말합니다. 절묘한 말입니다.

행복을 얻기 위해 무얼 할 필요는 없습니다. 위대한 마이스터 에크하르트는 이것을 매우 아름답게 표현했습니다. "하느님께 도달하는 과정은 영혼에 무엇을 덧붙이는 것이 아니라 영혼에서 무언가를 덜어 내는 것이다." 자유로워지기 위해 무엇을 행할 필요는 없습니다. 무언가를 덜어 내십시오. 그러면 해방됩니다.

여기서 어느 아일랜드인 탈옥수가 생각납니다. 그는 감옥 담 아래로 굴을 파서 아이들이 놀고 있는 학교 운동장 한가운데로 뚫고 나옵니다. 바깥세상에 나오자 그는 물론 하도 기뻐서 더는 참지 못하고 외칩니다. "나는 자유다, 나는 자유다, 나는 자유다!" I'm free. 그러자 한 꼬마 소녀가 그를 경멸하는 눈초리로 바라보더니 말합니다. "그건 아무것도 아녜요. 난 네 살이라구요" I'm four.

넷째 단계: 사물을 어떻게 변화시킬까요? 자신을 어떻게 변화시킬까요? 이 단계에서는 이해해야 할 것이 많습니다. 아니 오히려 딱

---

[10] Arjuna: 바로 *Mahabharata* 서사시의 주인공. *Mahabharata*는 *Ramayana*와 더불어 고대 인도의 2대 서사시.

한 가지가 있는데, 그것이 여러 가지로 설명될 수 있죠. 의사를 찾아가서 자기가 왜 아픈지를 묻는 환자를 상상해 보십시오. "좋습니다. 댁의 증상을 알겠습니다. 내가 어떻게 할지 아십니까? 댁의 이웃에게 약을 처방해 드리겠습니다!" "대단히 감사합니다, 의사 선생님. 그 말씀을 들으니 한결 기분이 낫군요." 황당하잖아요? 그러나 그게 우리 모두가 하는 짓들입니다. 잠들어 있는 사람은 으레 누군가 다른 사람이 변하면 자기 기분이 나아지리라고 생각합니다. 자기가 잠들어 있어서 고통 받고 있건만, "다른 사람이 변한다면 삶이 얼마나 멋질까. 내 이웃이, 내 아내가, 우리 회사 사장이 변한다면 얼마나 살맛이 날까" 하고 생각하는 겁니다.

우리는 항상 누군가 다른 사람이 달라져서 우리 기분이 좋아지기를 원합니다. 그러나 아내나 남편이 변한들 그게 자기에게 무슨 소용이 있느냐는 생각을 해 본 적이 있습니까? 여러분 자신은 여전히 상처받기 쉬운 사람일 뿐인 겁니다. 여전히 바보요, 여전히 잠들어 있을 뿐이죠. 달라질 필요가 있는 사람, 약이 필요한 사람은 여러분 자신입니다. "세상이 옳기 때문에 내가 기분이 좋다"고 고집들을 부리고 있습니다. **틀렸습니다!** 내가 기분이 좋기 때문에 세상이 옳은 겁니다. 모든 신비가들이 하고 있는 말이 그것입니다.

세상이 문제는 아니다

여러분이 깨어날 때, 여러분이 이해할 때, 여러분이 깨달을 때 세상은 올바르게 됩니다. 우리는 언제나 악의 문제로 고심하고 있습니다. 설득력 있는 한 이야기가 있습니다. 강둑을 따라 걷고 있던 한 꼬마 소년이 보니 악어가 한 마리 그물에 걸려 있습니다. "날 가엾이 여겨서 풀어 줄 수 있겠니? 내가 추하게 보이겠지만 알다시피 그건 내 잘못이 아니란다. 원래 이렇게 생겼거든. 외모야 어떻든 난 엄마의 마음을 가졌단다. 오늘 아침 어린 새끼들에게 줄 먹이를 찾아 나왔다가 덫에 걸린 거란다!" "싫어, 풀어 주면 날 잡아먹겠지." "날 해방시켜 준 은인에게 내가 그런 짓을 하리라고 생각하니?" 그래서 소년은 망설이다가 풀어 주었고, 악어는 소년을 덥석 물어 버립니다. 악어 입에 물린 채 소년이 말합니다. "이게 내 선행에 대한 보답이로구나." "얘야, 네 나름으로 생각하지 말렴. 세상이 그런 거란다. 이게 삶의 법칙이란다." 소년이 따지고 들자 악어가 말합니다. "그런가 안 그런가 누구한테 물어볼래?" 새 한 마리가 나뭇가지에 앉아 있는 걸 보고 소년이 묻습니다. "새야, 악어 말이 맞니?" "악어 말이 맞아. 나를 보렴. 어느 날 내가 새끼들 줄 먹이를 물고 둥지로 돌아오다가 보니 끔찍하게도 뱀 한 마리가 나무를 기어올라 곧장 둥지로 향하고 있더란다. 난 어쩔 줄을 몰랐지. 뱀은 내 새끼들을 차례차례 삼켜 버렸어. 난 고함을 질러 댔지만 아무 소용이 없었고. 악어 말이 맞아. 그게 삶의 법칙이야. 세상이 그래." "거봐"라고 악어가 말합니다. 그러나 소년은 "다른 누구에게 물어보자"고 합니다. "그래, 물어봐." 마침 늙은 당나귀 한 마리가 강둑 위를 지나갑니다. "당나귀야, 악어가 이렇게 말했는데 옳은 말이니?" "썩 옳지. 나를 봐. 난 주인을 위해 평생 종살이를 했는데 주인은 먹을 것조차 변변히 주지 않더니, 이제 내가 늙고 쓸모가 없어지니까 풀어 주었어. 그래서 난 아무 야수라도 날 덮쳐서 내 목숨을 끝내 주기를 기다리며 여기 정글 속을 서성거리고 있단다. 악어 말이 맞아. 그게 삶의 법칙이야. 세상이 그래." "거봐." 악어가 말합니다. "한 번 더!" 소년이 말합니다. "마지막으로 한 번만 더 기회를 줘. 다른 누구한테 또 물어보자. 내가 너에게 얼마나 좋은 일을 했는지 기억하고 있겠지?" "좋아, 마지막 기회야." 소년은 토끼 한 마리가 지나가고 있는 것을 보고 묻습니다. "토끼야, 악어 말이 맞니?" 토끼는 쪼그리고 앉아 악어에게 말합니다. "네가 그렇게 말했니?" "그래, 내가 그랬다." "잠깐, 우리는 이 일에 대해 토론을 해 봐야겠는데." "좋아." "하지만 입에 뭘 물고서 어떻게 토론을 하겠니? 놔줘. 꼬마도 토론에 참여해야 하니까." "넌 영리한 놈이로군그래. 놓아주는 순간 도망쳐 버릴걸." "난 네가 그 정도보다는 더 눈치가 있는 줄 알았는걸. 도망치려고 하면 네가 꼬리 한 번만 휘둘러도 죽일 수 있잖아?" "그렇고말고." 악어는 소년을 놓아줍니다. 소년이 풀려나는 순간 토끼가 소리칩니다. "달아나!" 소년은 뛰어 달아납니다. 그러고 나서 토끼가 소년에게 말합니다. "넌 악어 고기 좋아하지 않니? 너희 마을 사람들은 그 좋은 먹거리를 즐기지 않니? 넌 그 악어를 완전히 풀어 준 게 아니야. 몸의 대부분이 아직 그물에 걸려 있거든. 마을로 가서 사람들을 다 불러다가 잔치를 벌이지그래." 소년은 정확히 그렇게 합니다. 마을로 가서 남정네들을 모조리 불러오는 겁니다. 그들은 도끼와 장대와 칼을 들고 나와 악어를 죽입니다. 그 소년의 개도 왔다가 토끼를 보자 쫓아가 잡아서 목을 물어뜯습니다. 소년은 그 장면에 너무 늦게 나타났고, 토끼가 죽어 가는 것을 보며 말합니다. "악어가 옳았어. 이런 게 세상이야. 이게 삶의 법칙이야."

세상의 온갖 고통과 악과 고문과 파괴와 굶주림을 시원스레 밝혀낼 수 있을 그런 설명은 없습니다! 아무도 설명하지 못할 겁니다. 한바탕 종교적인 또는 그 밖의 문구들을 늘어놓을 수는 있겠지만 결코 설명하지 못할 겁니다. 삶은 신비니까요. 사고로는 파악할 수 없다는 말입니다. 그러니 깨어나야 합니다. 그때 문득 문제는 현실에 있는 게 아님을, 여러분이 문제임을 깨달을 것입니다.

몽유병

성서는 항상 그것을 암시하고 있습니다. 하지만 여러분이 깨어날 때까지는 성서가 이야기하는 것을 이해하지 못할 것입니다. 잠들어 있는 사람들은 성서를 읽고 성서를 근거로 메시아를 십자가에 못 박는 것입니다. 성서를 이해하기 위해서는 깨어나야 합니다. 정녕 깨어날 때 그 뜻을 알아듣습니다. 현실도 마찬가집니다. 현실을 말로 옮길 수는 없는 것입니다. 차라리 무언가를 행하는 게 낫다고요? 그러나 그런 경우에도 단지 부정적 감정들을 제거하기 위해 행동에 나서고 있지 않은지 확인해 봐야 합니다. 많은 사람들이 행동에 뛰어들었다가 사태를 더욱 악화시키기만 합니다. 사랑에서가 아니라 부정적 감정들에서 출발하는 까닭입니다. 죄·분노·증오에서, 불의에 대한 의식 등등에서. 행동하기 전에 자기의 "존재"를 확인해야 합니다. 행동에 나서기에 앞서 자기가 누구인지부터 확인해야 합니다. 불행히도 잠들어 있는 사람이 행동에 나설 때는 한 난폭을 다른 난폭으로, 이런 불의를 저런 불의로 대체하고 있는 것에 불과합니다. 또 그런 식으로 진행됩니다. 마이스터 에크하르트는 말합니다. "네가 구원받게 (혹은 깨닫게, 혹은 표현은 원하는 대로 하십시오) 되는 것은 너의 행동들에 의해서가 아니라 너의 존재에 의해서다. 네가 심판을 받게 되는 것은 네가 행하는 것에 의해서가 아니라 네가 무엇이냐에 의해서다." 배고픈 이들에게 먹을 것을 주고 목마른 이들에게 마실

것을 주고 감옥에 갇힌 이들을 찾아가 주고 하는 것들이 여러분에게 어떤 득이 될까요?

　바울로의 말을 상기하십시오. "내 모든 재산을 희사하고 내 몸마저 내주어 불사르게 한다 할지라도 내게 사랑이 없다면 …." 중요한 것은 행동들이 아니라 존재입니다. 그**다음**에 행동에 뛰어들 수도 있겠죠. 그럴 수도 있고 안 그럴 수도 있겠죠. 깨어날 때까지는 그걸 결정할 수 없는 겁니다. 불행히도, 세상을 바꾸는 일에만 모든 강조가 집중되고 깨어나는 일은 거의 강조되지 않고 있습니다. 깨어날 때 무얼 하고 무얼 하지 말지 알게 됩니다. 아시다시피 어떤 신비가들은 퍽 생소하게 느껴집니다. "나는 저 사람들에게 보내지지 않았다. 바로 지금 내가 할 일을 할 뿐이다"와 같은 말씀을 하신 예수 같은 분이 그렇습니다. 어떤 신비가들은 침묵으로 일관하고, 신비스럽게도 어떤 신비가들은 노래를 부르는가 하면, 어떤 신비가들은 봉사에 나섭니다. 우리는 결코 판단할 수 없습니다. 그들이 그들 자신에 대한 법칙인 겁니다. 그들은 무얼 해야 하는지를 정확히 알고 있는 겁니다. "전투의 열기 속에 뛰어들되 너의 마음은 신의 연꽃 발치에 머물게 하라"라고 앞에서 인용한 것처럼.

　편찮고 언짢을 때 어느 멋진 교외를 지나간다고 상상해 보십시오. 경치가 아름답지만 아무것도 보고 싶지 않죠. 며칠 후 같은 곳을 지나갈 때는 "세상에, 이런 멋진 곳을 지나면서도 난 뭘 보았던 거야?" 합니다. 자기가 변하자 모든 것이 아름다워지는 거죠. 소나기가 내리치는 유리창을 통해 나무들과 산들을 보노라면 모두가 흐리고 형체가 일그러져 있습니다. 그렇다고 당장 나가서 그 나무들과 산들을 고쳐 놓겠다고 하나요? 잠깐, 창을 계속 살펴보노라면, 그래서 소나기가 멈추고 나서 창 밖을 보면 "야, 모든 게 달라 보이는구나" 하게 되죠. 우리는 사람이나 사물을 있는 그대로 보지 않고 우리가 있는 대로 봅니다. 그래서 한 사물이나 한 사람을 바라보는 두 사람의 반응이 두 가지로 다른 겁니다. 우리는 사물들과 사람들을 그들이 존재하는 대로 보지 않고 우리가 존재하는 대로 바라보는 것입니다.

하느님을 사랑하는 사람들에게는 만사가 형통하리라는 성서 구절을 기억합니까? 마침내 깨어날 때는 좋은 일이 일어나게 하려고 애를 쓰지 않습니다. 매사가 그저 일어날 뿐이죠. 문득 일어나는 매사가 좋다는 걸 이해하게 되죠. 변화되기를 바라는, 함께 사는 사람들에 대해 생각해 보십시오. 퉁하다, 저밖에 모른다, 신용이 없다, 믿을 수 없다 등등으로 파악하고 있죠. 그러나 여러분이 달라지면 그들도 달라지게 됩니다. 그거야말로 절대로 어김없는 기적적인 치유인 겁니다. 내가 달라지는 날 그들도 달라집니다. 그리고 나도 그들을 달리 보게 됩니다. 두렵게 보이던 사람이 이제는 두려워하는 사람으로 보입니다. 거칠어 보이던 사람이 이제는 겁먹은 사람으로 보입니다. 갑자기 아무도 나를 속상하게 할 힘이 없어집니다. 억압할 힘이 없어집니다. 마치 네가 책 한 권을 내 책상 위에 놓아둔 것을 내가 보고는 "너는 이 책을 나더러 읽으라고 강요하고 있지만, 이 책을 집어 들고 말고는 내가 할 일이다" 하는 것과 같습니다. 사람들은 남들을 탓하느라 바쁩니다. 다른 모든 사람들을 탓하고, 인생을 탓하고, 사회를 탓하고, 이웃을 탓하느라고들 몹시 바빠요. 그런 식으로는 아무것도 달라지지 않는 법입니다. 계속 악몽만 꿀 것입니다. 결코 깨어나지 못할 것입니다.

다음 과정을 일천 번 실천하십시오: 첫 번째는 여러분 안의 부정적 감정들을 살피십시오. 두 번째는 그것들이 여러분 안에 있는 것이지 세상에, 외부의 현실 속에 있지 않다는 것을 이해하십시오. 세 번째는 그것들을 "나"의 본질적인 부분으로 보지 마십시오. 그것들은 왔다가는 갑니다. 마지막 네 번째는 여러분이 변할 때 모든 것이 변한다는 것을 이해하십시오.

변화하려는 욕심

우리에게 여전히 큰 의문이 남아 있습니다. 나 자신을 변화시키기 위해 내가 무얼 할까?

여기 큰 놀라움을 드릴 기쁜 소식이 있습니다! 무엇을 할 필요가 없습니다. 할수록 더 나빠집니다. 이해하는 것이 해야 할 일의 전부입니다.

여러분이 싫어하고 여러분에게 부정적 감정을 불러일으키는, 함께 살거나 함께 일하고 있는 누군가를 생각해 보십시오. 어떤 일이 진행되고 있는지를 이해하도록 해 봅시다. 첫째, 이해할 필요가 있는 것은 그 부정적 감정이 네 안에 있다는 것입니다. 그 책임은 너에게 있는 것이지 다른 사람에게 있는 게 아니다. 다른 누군가가 너의 입장에 있다면 아무 동요 없이 그 사람 앞에서도 편안하지 않으냐? 다른 사람들은 아무렇지도 않은데 **너**는 영향을 받고 있구나. 이제 또 다른 것을 이해해 봅시다. 너는 어떤 요구를 하고 있다. 그 사람에게 무언가를 기대하고 있다. 그걸 감지할 수 있습니까? 감지했으면 그 사람에게 "나는 너에게 어떤 요구도 할 권리가 없다"고 말하십시오. 그렇게 말함으로써 기대를 떨쳐 버리십시오. "나는 너에게 어떤 요구도 할 권리가 없다. 오, 나는 너의 행동이나 너의 기분 등등의 결과로부터 나 자신을 보호하겠다. 그러니 너는 너대로 선택한 그런 사람이 될 수 있다. 나는 너에게 어떤 요구도 할 권리가 없다."

이렇게 말할 때 여러분에게 어떤 일이 생기나 보십시오. 만일 그렇게 말하는 데 저항이 있다면, 저런, 여러분의 "내 것"에 대해서 발견할 것이 얼마나 많습니까. "내 것"이라는 독재자가 여러분 밖으로 나타나게 하십시오. 그 폭군더러 나오라고 하십시오. 여러분은 온순한 새끼 양인 줄로 생각했죠? 그러나 나도 폭군, 너도 폭군인 겁니다. "나도 바보, 너도 바보"가 약간 변형된, 나도 독재자, 너도 독재자죠. 내가 네 삶을 관리해 주고 싶다, 네가 어떤 존재요 어떻게 처신할지를 분명히 미리 말해 주고 싶다, 그러니 너는 내가 결정해 놓은 대로 처신하는 게 좋겠지, 안 그러면 나는 부정적 감정들을 가짐으로써 자책하게 될 테니까, 그거죠. 모두가 미쳤다고 내가 했던 말을 기억하십시오.

한 부인이 이런 말을 하더군요. 고등학교에 다니는 아들이 운동 실력과 학업 성적이 뛰어나서 상을 받았는데, 기분은 좋았지만, 거의 유혹처럼 "그런 상을 받았다고 자랑스러워 말아라. 그만큼 잘 할 수 없게 될 때를 대비해야 하니까"라고 말해 주고 싶더랍니다. 진퇴양난에 빠졌던 거죠. 어떻게 하면 아들의 부푼 마음에 상처를 입히지 않으면서 환상을 깨뜨려 미래를 보호할 수 있을까 하고.

희망컨대, 어머니 자신의 지혜가 자람에 따라 아들은 배우게 되겠죠. 그것은 어머니가 아들에게 무슨 말을 해 줄 것이냐는 문제가 아닙니다. 결국 어머니가 어떻게 될 것이냐는 문제죠. 그때 그녀는 이해하게 될 것이고 무엇을 말해야 할지, 언제 말해야 할지 알게 되는 겁니다. 그 상은 경쟁의 결과였지. 경쟁이 자신이나 다른 사람들에 대한 증오 위에서 이루어진다면 난폭해질 수도 있지. 사람들은 누군가가 기분 나빠질 일을 근거로 기분이 좋아지고들 하거든. 다른 누군가를 눌러 이겼다고. 무서운 일 아니냐? 정신병원에서나 당연한 일이지!

경쟁이 자기 삶에 미친 효과에 대해 책을 쓴 미국인 의사가 있습니다. 그는 스위스에서 의과대학에 다녔고 거기에는 꽤 많은 미국인 학생들이 있었는데, 그 학교에는 성적이 없고 상도 없으며 우등생 명단이나 학급 석차가 없다는 걸 알고는 더러 충격을 받았더랍니다. 합격 아니면 낙제였던 거죠. "우리들 가운데 더러는 도무지 납득할 수가 없어서 거의 편집광이 되어 뭔가 속임수가 있음에 틀림없다고 생각했다." 그래서 더러는 다른 데로 전학도 했는데, 남은 학생들은 미국 대학에서 본 적이 없는 이상한 일을 문득 발견했더랍니다. 학생들, 머리 좋은 학생들이 다른 학생들의 학업을 돕고 공책을 함께 이용하는 것이었죠. 그의 아들도 미국에서 의과대학에 다니고 있었는데, 실험실에서는 종종 일부러 현미경을 조정하기 어렵게 해 놓고들 해서 다음 학생이 재조정하려면 삼사 분이 걸린다고 하더랍니다.

경쟁! 그건 성공해야 하는 것이고 완벽해야 하는 것이구나. 그래서 그는 아들에게 짤막한 이야기를 하나 들려줍니다. 그의 말로는 실화라고 하는데, 훌륭한 비유도 될 수 있는 아름다운 이야기라 하겠습니다.

　미국의 어느 작은 도시에 저녁이면 음악을 연주하러 모이는 사람들이 있었단다. 색소폰·드럼·바이올린 …. 연주자들은 대부분 늙은이들이었지. 연주를 썩 잘하지는 않지만 우애를 다지고 그저 음악 연주를 즐기려고 함께 모였지. 그래서 유쾌하게들 좋은 시간을 보냈더란다. 어느 날 그들이 많은 야망과 욕망을 가진 새 지휘자를 영입하기로 결정하기 전까지는 말이다. 새 지휘자는 말했지. "여러분, 음악회를 열어야겠습니다. 마을 사람들을 위한 음악회를 준비해야겠어요." 그 후로 그는 연주가 신통치 않은 사람들을 쫓아내고 음악을 전공한 연주자 몇 사람을 채용했더란다. 이제 교향악단의 외형을 갖췄고 신문에 모두의 이름이 실렸지. 신나는 일 아니냐? 내친김에 그들은 대도시로 옮겨 가서 연주하기로 했더란다. 그러나 늙은이들은 더러 눈물마저 글썽이며 말했지. "우리가 연주를 잘 못하고 그걸 즐겼던 옛날이 참 좋았어." 그들의 삶에 난폭한 일이 들이닥쳤지만 아무도 그게 난폭한 일인 줄 미처 몰랐던 것이야. 사람들이 얼마나 미쳐 버렸던 건지!

"너는 네 마음대로 너 자신이 되어라. 거 좋지. 하지만 나는 나 자신을 보호하겠다. 나 자신이 되겠다." 이런 말을 내가 할라치면 여러분은 더러 그게 무슨 뜻이냐고 묻습니다. 달리 말하자면, 네가 나를 조종하도록 내가 허용하지 않겠다는 뜻입니다. 나는 내 삶을 살리라. 내 길을 가리라. 스스로 자유를 지키며 나의 생각들을 하고 나의 취향들을 추구하리라. 그리고 너에게 난 싫다는 말도 하겠다. 내가 너와 함께 있고 싶지 않다고 느낀다면 그건 네가 내 안에 무슨 부정적 감정들을 일으키기 때문은 아닐 거다. 이제 그런 감정들은 없으니까. 너는 이제 나를 지배할 힘이 없다. 나는 그저 다른 사람들과 함께 있기를 더 좋아할 수도 있겠지. 그래서 네가 "오늘 밤 영화 보러 갈까?" 하면 나는 "미안, 다른 사람하고 가고 싶어. 난 너랑 가기보다는 그 사람하고 가는 게 더 좋아" 하겠다. …

좋지요. "아니오" 하는 것, 그건 멋진 일입니다. 깨어남의 일부입니다. 내가 맞다고 생각하는 대로 내 삶을 사는 것은 깨어남의 일부입니다. 그리고 이해하십시오. 그건 이기적인 것이 **아닙니다**. **내가** 맞다고 생각하는 삶을 남에게 요구하는 것, **그것**이 이기적인 겁니다. 내 삶을 내가 맞다고 생각하는 대로 사는 것은 이기적이 아닙니다. 이기심은 남들이 나의 취향, 나의 자존심, 나의 이득, 나의 기쁨에 맞추어 살도록 요구하는 데 있습니다. 그거야말로 이기적이죠.

그러니 나는 나 자신을 보호하련다. 너와 함께 있을 의무를 느끼지는 않겠다. 너와 함께 있기가 즐겁다면 집착하지는 않고 그걸 즐기겠다. 이제 네가 내 안에 부정적 감정들을 일으키기 때문에 너를 피하지는 않는다. 이제 너는 그런 힘이 없으니까.

깨어남이란 놀라움이라 해야겠습니다. 뜻밖의 일이 일어나면 놀라움을 느끼게 되죠. 웹스터의 부인이 하녀에게 입 맞추고 있는 남편을 발견하고는 매우 놀랍다고 했더랍니다. 웹스터는 낱말 사용에 매우 꼼꼼한 사람이었기에 — 사전을 만든 사람이니 그럴 만도 하죠 — 이렇게 대답했더랍니다. "아니오, 여보. 내가 놀랍소. 당신은 질겁했소!"

어떤 사람들은 깨어남을 목표로 삼습니다. 결연히 거기에 도달하고자 합니다. "깨어날 때까지는 행복해지기를 거부하노라"고. 그런데 그보다는, 자기가 그 길이 되는 게 더 좋습니다. 단순하게 자기가 그 길이라는 걸 깨닫는 겁니다. 단순한 깨달음이야말로 언제나 반응을 일삼으려는 것에 비하면 행복한 일입니다. 사람들은 깨닫지 못했기에 그처럼 빠르게 반응합니다. 깨달음 속에서도 알고 보면 불가피하게 반응을 하는 때가 있겠죠. 그러나 깨달음이 자람에 따라 수동적인 반응은 적어지고 능동적인 행동은 늘어나게 됩니다. 불가피한 반응도 실제로 문제가 되지 않는 겁니다.

먼 곳에 가서 명상을 하여 깨침을 얻고 싶다고 구루에게 말한 제자 이야기가 있습니다. 반년에 한 번씩 그는 자기가 거치고 있는 과정에 대한 보고서를 구루에게 보냈습니다. 첫 보고: "이제 저는 자기를 버린다는 것이 무얼 뜻하는지 이해했습니다." 구루는 그걸 찢어서 쓰레기통에 던져 버렸습니다. 여섯 달 후 또 보고가 왔습니다. "이제 저는 모든 존재에 대한 민감성을 갖추었습니다." 구루는 그것도 찢어 버렸습니다. 세 번째 보고: "이제 저는 하나와 다수의 비밀[11]을 이해했습니다." 그것도 찢어 버렸습니다. 이렇게 여러 해가 가다가 마침내 아무 보고도 오지 않았습니다. 얼마 후 구루는 호기심이 생겼는데, 마침 그 먼 곳으로 떠나는 사람이 있었습니다. "그 친구에게 무슨 일이 생겼는지 알아보게." 마침내 그 여행자가 그 제자로부터 쪽지를 받아 왔습니다. 거기에는 "그게 무슨 상관입니까?"라고 적혀 있었습니다. 그것을 읽고 구루는 말했습니다. "해냈군! 해냈어! 마침내 도달했군! 도달했어!"

또, 전장의 어느 군인 이야기입니다. 그는 함부로 땅바닥에 총을

---

[11] 영성 수련 과정에서 의식의 발전 단계는, 모든 사물을 분별하는 의식(이때는 다수가 존재)에서 분별하지 않는 의식(이때는 하나가 존재)으로 나아갔다가 다시 분별하는 의식(이때는 처음과는 다른 의미에서의 다수가 존재)으로 나아가는 단계를 거친다. 이를테면 산은 산이요 물은 물이었다가 산이 물이요 물이 산이었다가 다시 산은 산이요 물은 물이 되는 의식 단계다.

내려놓고는 떨어진 종잇조각을 주워서 보곤 했습니다. 그러고는 그 종이를 힘없이 놓아 버려 그 종이는 팔랑거리며 땅바닥에 떨어지곤 했습니다. 그는 이리저리 다니며 똑같은 행동을 했습니다. 그래서 다른 사람들이 "저러다간 죽기 십상이지. 도움이 필요해" 했고, 그를 입원시켜 최고의 정신과 의사에게 맡겼습니다. 그러나 아무 효과도 없어 보였습니다. 담 주변을 서성거리며 여전히 종잇조각을 주워 물끄러미 바라보다가 팔랑거리며 땅바닥에 떨어지게 하고 있었습니다. "제대시켜야겠군." 결국은 그를 불러 제대증을 주었죠. 그는 그걸 천천히 들여다보더니 외쳤습니다. "이건가? 이거야." 마침내 그걸 얻은 겁니다.

어떤 상황이든 여러분의 현재 상황을 깨닫기 시작하십시오. 독재자가 되기를 멈추십시오. 자신을 어딘가로 밀어붙이려고 하지 마십시오. 그러면 어느 날 여러분은 자신을 밀어붙이려고 했던 바로 그것을 단순히 깨달음에 의해 이미 달성했음을 이해할 것입니다.

변화된 사람

깨달음을 추구하면서 요구를 하지 마십시오. 그것은 오히려 교통 규칙을 지키는 것과 같다고 하겠습니다. 교통 규칙을 지키지 않으면 범칙금을 내게 되죠. 미국에서는 운전할 때 우측 통행, 영국과 인도에서는 좌측 통행, 그걸 지키지 않으면 범칙금을 내게 되죠. 감정이나 요구나 기대를 상하게 할 여지가 없어요. 그저 교통 규칙대로만 하면 되는 거죠.

도대체 자비가 어디서 오는지, 죄가 어디서 오는지들 묻습니다. 깨어 있을 때 알게 됩니다. 만일 여러분이 바로 지금 죄의식을 느끼고 있다면 도대체 내가 어떻게 그걸 설명해 드릴 수 있을까요? 자비심이란 무엇인지를 어떻게 알겠어요? 아시다시피 더러들 그리스도를 본뜨고 싶어 하지만, 원숭이가 색소폰을 분다고 해서 음악가가 되지는 않죠. 그리스도의 외적 행동을 본뜸으로써 그리스도를 닮을 수는 없는 겁니다. 여러분이 곧 그리스도라야 합니다. 그러면 어떤 특별한 상황에서, 자신의 기질, 자신의 성격 그리고 상대자의 성격과 기질이 주어진 조건에서 무엇을 할지 정확히 알게 됩니다. 누가 그걸 말해 주어야 하는 게 아닙니다. 그걸 알기 위해서는, 그리스도가 무엇이었던지 여러분이 바로 그 무엇**이라야** 합니다. 외적 모방으로는 아무 데도 이르지 못하는 겁니다. 만일 여러분이 자비란 부드러움을 뜻한다고 생각한다면 내가 여러분에게 자비를 설명해 드릴 길이 없습니다. 절대로 없어요. 자비란 매우 딱딱할 수도 있으니까요. 매우 거칠 수도 있죠. 사람을 붙잡고 마구 흔들 수도 있고, 소매를 걷어 올리고 수술을 할 수도 있고, 온갖 종류가 있죠. 자비란 매우 부드러울 수도 있지만 그걸 알 길은 없습니다. 오직 여러분이 사랑이 될 때 — 달리 말해서, 환상과 집착들을 떨쳐 버릴 때 — "알게" 되는 겁니다.

"나"와의 동일시를 점점 덜함에 따라 모든 사람과 모든 사물과의 관계가 더 쉬워집니다. 왜 그런지 아십니까? 상처받거나 사랑받지 않는 것을 두려워하지 않게 되기 때문입니다. 누군가에게 인상적이기를 갈망하지 않게 되는 겁니다. 누구에게 인상적일 필요가 없게 될 때의 안심을 상상할 수 있겠습니까? 오, 얼마나 홀가분한지. 마침내 행복이죠! 무얼 설명할 필요나 강박을 느끼지 않게 되는 겁니다. 만사 오케이. 설명할 게 뭐가 있어요? 또 사과할 필요나 강박도 느끼지 않게 되는 겁니다. 나라면 "미안하오"보다는 "난 깨어났소"가 훨씬 듣기 좋겠습니다. "그런 행동을 해서 미안하오"보다는 "우리가 만난 이후로 난 깨어났소. 그런 행동을 하는 일은 다시 없을 거요"라는 말이 훨씬 듣기 좋겠단 말입니다. 왜 사과를 요구해요? 따질 게 있어야지요. 설사 비열한 짓을 했다 치더라도 사과할 여지는 없는 겁니다.

아무도 나에게 비열했던 건 아닙니다. 누군가가 비열했던 건 자기가 나라고 생각한 그것에게였지 나에게는 아니었습니다. 누가 나를 거부하는 일은 없습니다. 자기가 나라고 생각한 그것을 거부할 뿐이죠. 거꾸로도 마찬가지고요. 누가 나를 받아들이는 일도 없습니다. 깨어날 때까지는 단순히 나에 대한 자기의 상을 받아들이거나 거부하는 겁니다. 나에 대한 어떤 상을 만들어 두고 그것을 거부하거나 받아들이는 거죠. 그런 상에 깊이 빠지는 것이 얼마나 황폐한 결과를 낳는지 보십시오. 그건 좀 너무 제멋대로죠. 그러나 이걸 이해할 때는 사람들을 사랑하기란 얼마나 쉬운 일입니까. 사람들이 나라고 또는 자기들이라고 상상하는 것과 내가 동일화하지 않을 때 누구나를 사랑하기란 얼마나 쉬운 일입니까. 그들을 사랑하기가, 누구나를 사랑하기가 쉬워지는 겁니다.

나는 "내 것"을 관찰하되 "내 것"에 대해 생각하지 않습니다. "내 것"을 생각한다는 건 또한 많은 나쁜 생각을 하는 것이니까요. 그러나 "내 것"을 살펴볼 때 나는 이것이 일종의 반성임을 끊임없이 인식합니다. 실제로 "나"와 "내 것"을 생각하고 있는 것은 아닙니다. 마치 차를 몰고 있는 운전사처럼. 차에 대한 의식을 결코 잃지 않는 거죠. 백일몽을 꾸고 있더라도 자기 주변 사물들에 대한 의식을 잃지 않으면 오케이죠. 언제나 경계하고 있어야 하는 거죠. 마치 아이

곁에서 자고 있는 어머니처럼. 지붕 위에서 나는 비행기 굉음은 안 들려도 아기의 가냘픈 칭얼거림 하나라도 놓치지 않죠. 방심하지 않고, 그런 의미에서 깨어 있는 거죠. 깨어 있는 상태에 대해 무어라고 말할 수는 없습니다. 잠들어 있는 상태에 대해서만 말할 수 있을 따름입니다. 깨어 있는 상태를 암시하는 거죠. 우리는 행복에 대해 아무것도 말할 수 없습니다. 행복은 정의될 수 없습니다. 정의될 수 있는 것은 불행입니다. 불행을 떨쳐 버리면 알게 됩니다. 사랑은 정의될 수 없습니다. 미움이 정의될 수 있습니다. 미움을 떨쳐 버릴 때, 두려움을 떨쳐 버릴 때 알게 됩니다. 우리는 깨어난 사람이 어떠한지를 알고자 합니다. 그러나 자신이 거기 이르렀을 때라야 알게 됩니다.

이 말은 예컨대 우리가 자녀들에게 요구를 해서는 안 되겠다는 뜻이 될까요? 내 말은 "어떤 요구도 할 권리가 없다"라는 겁니다. 조만간에 자녀는 주님의 명을 지키는 일에서 부모를 제쳐 놓아야 하게 됩니다. 그리고 부모는 자녀에 대해 아무 권리도 없게 됩니다. 사실은 내 아이가 아니고 그랬던 적도 없는 겁니다. 자식은 생명의 자식이지 내 자식이 아닙니다. 아무도 내 사람은 아닙니다. 부모가 이야기할 것은 자녀의 교육입니다. 점심을 먹고 싶으면 열두 시부터 한 시 사이에 들어오는 게 좋겠지, 아니면 네 점심은 없을 테니까, 이상. 그렇게 되는 거죠. 제시간에 오지 않으면 넌 점심을 못 먹어. 넌 자유가 있지, 암, 하지만 결과는 네 책임이야.

　남들에게 기대를 가지지 말라고 혹은 요구를 하지 말라고 내가 이야기할 때 그것은 내 안녕을 위한 기대와 요구들을 두고 하는 말입니다. 미국 대통령은 분명히 국민에게 요구를 해야죠. 교통순경은 사람들에게 분명히 요구를 해야죠. 그러나 이것은 사람들의 행동에 대한 — 교통법규, 훌륭한 조직, 사회의 원활한 움직임을 위한 — 요구들입니다. 대통령이나 교통순경들 기분 좋게 하려는 것들이 아닌 겁니다.

침묵

마침내 도달하면 어떤 일이 생기느냐고 모두들 나에게 묻습니다. 그저 호기심일까요? 침묵이 어떻게 깨달음의 체계에 맞아 들어가는지, 혹은 침묵이 그 맥락에서 의미가 있는지, 혹은 거기 도달하면 무얼 느끼게 되는지 우리는 언제나 묻고 있습니다. 시작하십시오, 그러면 알게 됩니다. 설명할 수는 없습니다. "아는 사람은 말하지 않는다. 말하는 사람은 모른다"가 동양에서는 널리 알려진 말이죠. 그걸 말할 수는 없습니다. 그 반대를 말할 수 있을 따름이죠. 구루가 진리를 말해 줄 수는 없습니다. 진리를 말로, 문구로 옮길 수는 없는 겁니다. 그건 진리가 아니죠. 그건 현실이 아니죠. 현실을 문구로 옮길 수는 없는 겁니다. 구루는 오류를 지적할 수 있을 따름이죠. 오류들을 떨쳐 버릴 때 진리를 알게 됩니다. 그리고 그때도 말할 수는 없습니다.

이것은 위대한 가톨릭 신비가들 사이에서도 공통된 가르침입니다. 토마스 아퀴나스는 말년에 집필하려고도 이야기하려고도 하지 않았습니다. 그는 보았던 겁니다. 나는 그 유명한 침묵이 단 두 달 동안이었던 줄로 생각했는데 사실은 여러 해 동안이더군요. 그는 바보짓을 했다고 생각했고 또 분명히 그렇게 말했습니다. 그것은 마치 푸른 망고 맛을 못 본 사람이 "그 맛이 어떠냐?" 묻자 "시다"고 말해 주는 것과 같습니다. 한 낱말로 잘라 말한다는 건 궤도를 벗어나는 법입니다. 그 점을 이해하도록 하십시오. 대부분의 사람들은 썩 현명하지 않습니다. 말을 — 예컨대 성서의 말씀들을 — 붙들고 늘어지고 그래서 전혀 틀리게 알아듣습니다. "시다"고 하면 "식초처럼 시냐, 레몬처럼 시냐?"고 묻습니다. 아니죠, 레몬처럼 시지는 않고 망고처럼 시죠. "하지만 난 한번도 망고 맛을 못 봤는데." 안 됐군! 그러고도 그 주제로 박사 논문을 쓰는 겁니다. 망고 맛을 봤더라면 그랬을 리 없죠. 다른 주제로 썼을지언정 망고를 주제로 박사 논문을 썼을 리는 없는 거죠. 그러다가 어느 날 마침내 푸른 망고 맛을 보면 "맙소사, 내가 바보짓을 했구나. 그 논문을 써서는 안 됐는데" 합니다. 토마스 아퀴나스가 바로 그랬던 겁니다.

철학자이자 신학자인 한 독일인 대학자는 특별히 토마스 성인의 침묵에 대한 책을 한 권 썼는데, 요컨대 토마스는 침묵으로 일관했고 이야기하려 하지 않았다는 겁니다. 자기 신학을 집대성한 『신학대전』 서문에서 토마스는 말합니다. "우리는 하느님이 무엇인지를 알 수 없고 하느님이 무엇이 아닌지를 알 수 있으므로, 하느님이 어떤 분인지를 고찰할 수 없고 하느님이 어떤 분이 아닌지를 고찰할 수 있다." 그리고 보에시우스의 『삼위일체론』에 대한 유명한 주해에서는 하느님을 아는 세 가지 길이 있다고 말합니다. 첫 번째는 창조, 두 번째는 역사를 통한 하느님의 활동, 세 번째는 하느님에 대한 최고 형태의 앎 — 하느님을 "알려지지 않는 분"tamquam ignotum으로 아는 것. 삼위일체에 대한 최고 형태의 표현은 우리가 이에 대해 모른다는 것을 안다는 것입니다. 동양의 어느 선사의 말이 아닙니다. 로마 가톨릭 교회에서 시성된, 여러 세기 동안 으뜸 신학자였던 사람의 말입니다. 하느님은 알려지지 않는 분임을 알라는 겁니다. 또 다른 데서는 알 수 없는 분이라고까지 말합니다. 현실·하느님·신성·진리·사랑 들은 알 수 없는 것들입니다. 정신의 사고로는 파악될 수 없다는 말입니다. 우리는 항상 우리가 알고 있는 환상 아래 살고 있기 때문에 하고많은 문제들만 남겨 놓게 됩니다. 우리는 모릅니다. 알 수 없습니다.

그럼 성서란 무엇일까요? 암시, 실마리지 묘사가 아닙니다. 아노라고 생각하는 한 진지한 신자의 광신이 사기꾼 이백 명의 힘을 합친 것보다 더 큰 악의 장본일 수 있습니다. 진지한 신자들이 안다고들 생각해서 하는 짓을 보면 끔찍합니다. 모두들 "우리는 모른다"고 말하는 세계를 이룬다면 멋지지 않겠어요? 한 거대한 장벽이 허물어졌으니 경이로운 일이 아니겠어요?

한 태생 소경이 내게 와서 묻습니다. "녹색이라는 게 뭔가요?" 날 때부터 장님인 사람에게 어떻게 녹색을 설명할까요? 우리는 유비를 이용하죠. 그래서 나는 말해 줍니다. "녹색은 부드러운 음악과 같죠." "오, 부드러운 음악 같은 거로군요." "예, 싱그럽고 부드러운 음악이죠." 두 번째 맹인이 와서 묻습니다. "녹색이 뭔가요?" 나는 부드러운, 매우 부드럽고 촉감이 좋은 공단 같은 것이라고 들려줍니다. 그런데 이튿날 보니 그 두 맹인이 병으로 서로 머리를 때리고 있습니다. 한 맹인은 "이게 음악처럼 부드러운 거다", 다른 맹인은 "이게 공단같이 부드러운 거다" 하면서 계속 때리고들 있는 겁니다. 둘 다 자기가 무슨 말을 하고 있는지 모르죠. 안다면 입을 다물었겠죠. 그처럼 고약한 노릇입니다. 게다가 이를테면 어느 날 보니 그 장님이 정원에 앉아 주위를 두리번거리는 걸 보고 "아, 이제는 녹색이 무엇인지 아시는군요" 하자 "맞아요. 오늘 아침엔 녹색 소리를 좀 들었죠!" 한다면 더욱 고약한 노릇이죠.

사실은 하느님으로 둘러싸여 있으면서도 하느님에 대해 "아노라" 기 때문에 하느님을 보지 못합니다. 하느님을 못 보게 하는 마지막 장벽은 하느님 개념입니다. 하느님을 안다고 생각하기 때문에 하느님을 놓칩니다. 그것이 종교와 관련하여 무서운 일입니다. 그것이 복음서에서 "아노라"는 종교인들이 예수를 제거한 이야기가 말해주는 것입니다. 하느님에 대한 최고의 앎은 하느님을 알 수 없는 분으로 아는 것입니다. 하느님에 대한 말들이 너무 많습니다. 세상은 그걸 지겨워합니다. 깨달음은 너무 적습니다. 사랑은 너무 적습니다. 행복은 너무 적습니다. 그러나 우리는 그런 말들도 사용하지는 맙시다. 환상, 오류를, 집착과 난폭을 떨쳐 버리는 일이, 깨달음이 너무 적습니다. 그 때문에 세상이 고통을 겪고 있는 겁니다. 종교가 없어서가 아닙니다. 어쩌면, 종교란 깨달음이, 깨어남이 없는 걸 말하는 게 아닌가 싶을 지경입니다. 우리가 어느 지경에까지 떨어졌는지 보십시오. 도처에서 사람들이 종교 때문에 서로를 죽이고 있는 걸 보십시오. "아는 사람은 말하지 않는다. 말하는 사람은 모른다." 무릇 모든 계시란 아무리 신성하더라도 달을 가리키는 손가락 이상의 것이 결코 아닙니다. 동양 격언에 "현자가 달을 가리킬 때 모든 바보들이 보는 것은 현자의 손가락이다"라는 말이 있죠.

대단히 경건하게 정통 신앙을 신봉한 작가 쟝 귀똥은 무서운 말을 덧붙입니다. "우리는 종종 눈알을 후벼내는 데도 손가락을 사용한다." 소름 끼칠 노릇이잖아요? 깨달음, 깨달음, 깨달음! 깨달음에 치유가 있습니다. 깨달음에 진리가 있습니다. 깨달음에 구원이 있습니다. 깨달음에 영성이 있습니다. 깨달음에 성장이 있습니다. 깨달음에 사랑이 있습니다. 깨달음에 깨어남이 있습니다. 깨달음.

나는 말이나 개념들에 대해 말할 필요가 있습니다. 우리가 나무를 보고도 보지 못하는데 왜 그런지 설명해야 하니까요. 우리는 본다고 **생각**하지만 보고 있지 않습니다. 우리가 어떤 사람을 볼 때 사실은 그 사람을 보지 않습니다. 본다고 생각할 뿐입니다. 보고 있는 것은 우리 마음속에 고착시킨 그 무엇입니다. 우리는 어떤 인상을 받고 그 인상을 꼭 붙들고서 그 인상을 통해서 그 사람을 계속 봅니다. 우리는 거의 모든 것을 이렇게 대합니다. 이것을 이해한다면 여러분은 주변의 매사를 깨닫는 일의 사랑스러움과 아름다움을 이해할 것입니다. 거기 현실이 있기 때문입니다. "하느님" — 그것이 무엇이든 — 이 거기 있기 때문입니다. 모든 것이 **거기** 있습니다. 바다 속에서 가엾은 어린 물고기가 "실례합니다. 저는 바다를 찾고 있는데 어디 가면 찾을 수 있는지 말씀해 주시겠어요?" 한다면 딱한 일 아닙니까? 그저 눈을 뜨고 본다면 우리는 이해할 것입니다.

자기부정

자기를 찾기 위해 자기를 잃음에 대한, 복음서의 저 놀라운 문장으로 되돌아갑시다. 우리는 그런 문장을 대부분의 종교 문헌에서, 모든 종교적이고 영적이며 신비적인 문헌에서 발견합니다.

어떻게 자기를 잃을까요? 여러분은 무언가를 잃으려고 **애써** 본 적이 있습니까? 맞아요, 애쓸수록 더 어려워지죠. 잃는 건 애쓰지 않을 때죠. 의식하지 않을 때 무언가를 잃죠. 그런데 어떻게 자신에 대해 죽을까요? 우리가 지금 얘기하려는 건 죽음이지 자살이 아닙니다. 자기를 죽이는 얘기가 아니라 죽는 얘깁니다. 자기에게 고통을 일으키고 자기를 괴롭힌다면 자기를 좌절시키는 것이겠죠. 반생산적이겠죠. 고통 속에 있을 때만큼 자기 자신으로 가득 차 있는 때는 없거든요. 우울해 있을 때만큼 자신에게 집중해 있는 때는 없거든요. 행복할 때만큼 자신을 잃을 준비가 된 때는 없습니다. 행복은 사람을 자기로부터 풀어 줍니다. 사람을 자기에게 매어 놓는 것이 괴로움·고통·비탄·우울입니다. 치통을 앓을 때 치아를 얼마나 의식하게 되는지 보십시오. 치통이 없을 때는 치아가 있는지조차 의식하지 않죠. 마찬가지로 두통이 없으면 머리가 있다는 것조차 자각하지 않죠. 그러나 머리가 쪼개질 듯이 아플 때는 전혀 다르죠.

그러니 자기를 부정하는 길이란 자기에게 고통을 주는 것이라고, 전통적으로 이해되었던 대로 극기와 고행에 들어가는 것이라고 생각하는 건 아주 잘못이고 그릇된 것입니다. 자기를 부인하는 것, 자기에 대해 죽는 것, 자기를 잃는 것은 자기의 참 본성을 이해하는 것입니다. 그렇게 할 때 자기가 사라집니다. 자기가 모습을 감추게 됩니다.

어느 날 누군가가 내 방으로 걸어 들어온다고 합시다. "어서 오십시오. 누구신지?" "나폴레옹이오." "나폴레옹일 리야 없겠고 …." "정말 프랑스의 황제 보나파르트요." "아이고, 그래요!" 나는, 속으로는 "이 친구 조심해서 다뤄야겠군" 하면서도 "앉으시죠, 폐하" 합니다. "그래, 내 듣자 하니 당신은 꽤 훌륭한 영적 지도자라던데, 내게 한 가지 영적 문제가 있소. 난 불안하오. 하느님을 신뢰하기가 어렵게 느껴지오. 내 군대를 러시아에 출정시켜 놓았는데 말이오, 결과가 어떻게 될지 염려하느라 불면의 밤들을 보내고 있소." "그렇군요, 폐하. 그 문제라면 제가 확실하게 처방을 좀 해 드릴 수 있습죠. 마태오 복음 6장을 읽으시라고 제안하겠습니다. '들의 백합꽃들이 어떻게 자라는지 관찰해 보시오. 그것들은 수고하지도 않고 물레질하지도 않습니다. …'"

이쯤 되고 보면 미친 사람이 누구인지, 이 친구인지 나인지 의심스럽죠. 그러나 나는 이 정신병자와 어울려 줍니다. 현명한 구루란 처음에는 그렇게 하는 법이지. 함께 어울리며 문제를 진지하게 들어 주는 법이지. 한두 방울 눈물도 닦아 주게 되겠지. 넌 미쳤지만 아직은 그걸 몰라. 네가 미치광이 판을 벌이는 그 멍석을 낚아채며 "집어치워, 넌 나폴레옹이 아냐" 하고 말해 줄 때가 어서 와야지.

시에나의 카타리나 성녀의 저 유명한 대화록에 보면 하느님께서 그녀에게 "나는 누구인 그이로다. 너는 누구가 아닌 그녀로다" 하셨더랍니다. 여러분은 누구–아님을 체험해 보셨습니까? 동양에 이에 해당하는 한 표상이 있습니다. 춤꾼과 춤이라는 표상인데, 하느님은 춤꾼이요 조물은 하느님의 춤이라고 보는 것이죠. 하느님은 큰 춤꾼이요 여러분은 작은 춤꾼들인 양으로 보는 게 아닙니다. 천만에. 여러분은 전혀 춤꾼이 아닙니다. **추여지고** 있는 춤인 겁니다! 그걸 체험해 본 적이 있습니까? 날 찾아온 미친 사람이 정신을 차리고 자기가 나폴레옹이 아님을 깨닫는다 해서 그가 그 사람이 아니게 되는 건 아닙니다. 그는 계속 그 사람이지만, 자기가 자기라고 생각했던 것과는 다른 무엇임을 문득 알아차리는 겁니다.

자기를 잃는다는 것은 자기가 자기라고 생각했던 것과는 다른 무엇임을 문득 알아차리는 것입니다. 자기가 중심이라고 생각했다가, 이제는 위성임을 체험하는 것입니다. 자기가 춤꾼이라고 생각했다가, 이제는 춤임을 체험하는 것입니다. 이런 것들은 단지 유비, 표상일 뿐이므로 글자 그대로 받아들일 수는 없습니다. 어떤 실마리, 어떤 암시, 어떤 시사들에 불과함을 잊지 마십시오. 너무 강조하지는 마십시오. 너무 글자 그대로 받아들이지는 마십시오.

영속적 가치

또 다른 생각으로 넘어가 보면, 각자의 인간 가치라는 중대사가 있습니다. 개인의 가치란 자기 가치를 뜻하지 않습니다. 어디서 자기 가치를 얻습니까? 사업의 성공에서? 많은 돈을 버는 데서? (여자라면) 많은 남자들의, (남자라면) 많은 여자들의 마음을 끄는 데서? 그 모두 얼마나 덧없습니까. 자기 가치를 말할 때 우리는 사실상 남들의 정신의 거울에 우리가 어떻게 비치는가를 말하고 있는 거잖아요? 그런데 우리가 그런 것에 의존할 필요가 있어요? 이런 일시적인 것들과 동일화하지 않을 때, 이런 것들에 자기를 한정시키지 않을 때 각자의 인간 가치를 이해하게 됩니다. 모두들 아름답다고 말해 준다고 해서 내가 아름다운 건 아닙니다. 나는 실상 아름답지도 추하지도 않습니다. 그런 것들은 오고 갑니다. 내일 갑자기 추물로 변할 수도 있지만 나는 여전히 나입니다. 그랬다가 성형수술을 받아 다시 아름다워진다고 합시다. 정말 내가 아름다워집니까? 이런 것들을 반성하는 데 많은 시간을 할애할 필요가 있습니다. 나는 얼른 지나가며 던져 드리듯 했습니다마는, 시간을 내어 내가 말한 바를 깊이 생각해 본다면 거기서 금광을 발견하실 겁니다. 나는 그걸 압니다. 내가 그런 것과 처음 마주쳤을 때 노다지를 발견했으니까요.

  기쁜 체험들은 삶을 즐겁게 합니다. 고통스런 체험들은 성장으로 이끕니다. 기쁜 체험들은 삶을 즐겁게 하지만 그 자체가 성숙을 낳지는 않습니다. 성장하게 하는 것은 고통스런 체험들입니다. 고통은 자기 안에 있는 어떤 영역, 성장하고 변형될 필요가 있는 미숙한 영역을 가리켜 줍니다. 고통을 이용할 줄 안다면, 오, 얼마나 성장할지 모릅니다. 당분간은 심리적 고통에, 우리의 온갖 부정적 감정들에 한정합시다. 그중 단 하나에 시간을 허비하지는 마십시오. 그런 감정들을 어떻게 처리할 수 있겠는지는 이미 말했습니다. 마음대로 되지 않을 때 겪는 실망을 살펴보십시오! 그것이 자기에 대해 무얼 말하는지 주시하십시오. 단죄는 없이(단죄하면 자기 혐오에 사로잡힐 테니까). 남에게서 보듯이 관찰하십시오. 비판받을 때 겪는 그 실망, 그 우울을 **바라보십시오**. 그것이 자기에 대해 무엇을 말하고 있습니까?

 이런 말 하는 친구 이야기 들어 보셨습니까? "걱정이란 쓸데없다고 누가 그래? 과연 유비무환이더라고!" 글쎄요, **그에게는** 걱정이 과연 도움이 되었군요. 혹은 이런 말 하는 친구도 있죠. "노이로제 환자란 과거를 두고 아쉬워하는 사람이지. 미래에 아쉬울 일을 걱정하는 우리 정상인들과는 달라." 그게 그런데 문젭니다. 그런 걱정, 그런 불안이 자기에 대해 무얼 말해 주고 있습니까?

 부정적 감정들, 모든 부정적 감정들이 깨달음에, 이해에 유용합니다. 그걸 느낄 기회를, 밖에서부터 살펴볼 기회를 줍니다. 처음에는 우울이 여전히 있지만 그것과의 관계를 끊게 됩니다. 점차 이해함에 따라 우울이 덜 자주 일어나고 아주 사라지게 됩니다. 아마 그때쯤이면 그건 별로 문제 되지 않을 겁니다. 깨치기 전에는 습관적으로 우울했고, 깨친 후에도 계속 우울하지만, 혹은 차츰, 혹은 빨리, 혹은 문득 충만한 깨달음의 상태에 이를 것입니다. 이 상태가 욕망들을 떨쳐 버린 단계입니다. 그렇지만 내가 말한 욕망과 갈망이란 무엇인지를 상기하십시오. "내가 갈망하는 것을 얻을 때까지 나는 행복해지기를 거부한다" 그랬죠. 행복이 욕망의 충족에 의존해 있는 경우들 말입니다.

편애가 아닌 욕구

욕구를 누르지 마십시오. 생기가 없어질 테니까. 기력을 잃을 테니까. 그건 끔찍한 일이죠. 건전한 의미의 욕구가 기력이고 기력은 많을수록 더 좋죠. 욕구를 누르지 말고 이해하십시오. 그걸 이해하십시오. 이해하는 그만큼 욕구를 채우려 하지는 마십시오. 그리고 욕구의 대상들을 단순히 물리칠 것이 아니라 이해하십시오. 있는 그대로 똑바로 보십시오. 그 진정한 가치를 보십시오. 욕구를 누르기만 하고 욕구의 대상을 물리치려고 하면 그것에 얽매이기 십상입니다. 반면에 그것을 직시하고 진정한 가치를 본다면, 자신이 어떻게 비참과 실망과 우울의 마당들을 닦고 있는지를 이해한다면, 그때 욕구는 내가 편애라고 부르는 것으로 변화될 것입니다.

　편애들을 지니고 살되 행복을 그중 어느 하나에도 매이게 하지 않을 때 깨어납니다. 충만한 깨달음으로 나아갑니다. 충만한 깨달음, 행복 — 원하는 대로 부르십시오 —, 그것은 망상이 없는 상태, 사물들을 **자기** 입장에서 보지 않고 **그것들**이 있는 그대로 보는 상태입니다. 인간에게는 그것이 가능한 일인만큼 환상을 떨쳐 버리는 것, 사물을 직시하는 것, 현실을 보는 것입니다. 불행하다면 그때마다 현실에 무언가를 더한 것입니다. 그런 더하기가 불행하게 만드는 겁니다. 거듭 말하지만 무언가를 … 여러분 안에 부정적 반응을 더한 겁니다. 현실은 자극을 주고 여러분은 반응을 준 거죠. 반응으로 무언가를 더한 거죠. 더한 것을 검토해 보면 거기에는 항상 환상이 있습니다. 으레 요구가, 기대가, 갈망이 있습니다. 항상. 환상의 예는 얼마든지 있습니다. 그러나 이 길에서 앞으로 나아가기 시작하면서 스스로 그것들을 발견할 것입니다.

예컨대, 외부 세계를 변화시킴으로써 **사람**이 변하리라고 생각하는 것은 환상이요 착오입니다. 외부 세계만 바꾸어 놓으면 사람이 달라지는 게 아닙니다. 새 직업이나 새 배우자, 새 집이나 새 구두, 혹은 새 스승이나 새로운 영성을 얻는다고 해서 그게 **사람**을 바꿔 놓지는 않습니다. 그건 펜을 바꾸는 게 글씨를 바꾸는 거라고 생각하는 것과 같습니다. 혹은 모자를 바꾸는 게 사고 능력을 바꾸는 거라고. 그런 것이 실제로 사람을 변화시키지는 않는데도 대부분의 사람들이 자기네 취미에 맞춰 외부 세계를 재배치하느라고 정력을 소모하고 있습니다. 더러는 성공하고 잠시 — 오 분쯤 — 휴식을 얻지만, 그런 휴식 동안에도 긴장합니다. 삶이란 언제나 흐르고 있는 것, 항상 변하고 있는 것이니까요.

그러니 살기를 원한다면 영주처를 가져서는 안 됩니다. 머리 둘 곳이 있어서는 안 돼요. 삶과 더불어 흘러야 합니다. 위대한 공자가 "항상 행복하고자 하는 사람은 자주 변해야 한다"고 말한 것처럼. 흐르십시오. 그러나 우리는 계속 뒤돌아보잖아요? 우리는 과거와 현재의 것들에 매여 있습니다. "쟁기에 손을 얹고 뒤를 돌아다보아서는 안 됩니다." 선율을 즐기고 싶습니까? 교향곡을 즐기고 싶습니까? 곡의 몇 대목에, 한두 음절에 매이지 마십시오. 지나가고 흘러가게 하십시오. 음들을 흘려보낼 준비가 되어 있을 때 교향곡을 온전히 즐기게 됩니다. 특정한 대목이 마음에 든다고 해서 교향악단에게 "그 대목을 계속 연주해요. 계속, 계속" 하고 외친다면 그 연주는 교향곡이 될 수 없는 겁니다.

나스룻딘이라는 노인 물라의 이야기들을 아십니까? 그는 그리스인·터키인·이란인 들 모두가 자기네 사람이라고 주장하는 전설적 인물이죠. 그는 이야기 형태로 신비적 가르침들을 전하고자 했습니다. 보통 익살맞은 이야기로. 그리고 그 이야기에서 조롱의 대상은 항상 늙은 나스룻딘 자신이었습니다.

어느 날 장터에서 나스룻딘이 서툴게 기타를 치는데, 단 한 음만을 치고 있습니다. 잠시 후 사람들이 모여들고, 땅바닥에 앉아 있던 한 사람이 말합니다. "멋진 곡이군요, 물라. 그런데 왜 다른 악사들처럼 약간씩 변주를 하시지 않습니까?" "그 바보들." 나스룻딘이 말합니다. "바른 음을 찾고들 있는 거지. 난 이미 찾았거든."

매달리는 환상들

집착할 때 삶이 파괴됩니다. 무언가에 매달릴 때 삶이 중단됩니다. 이것은 복음서 곳곳에 씌어 있습니다. 삶은 이해함으로써 얻습니다. 이해하십시오. 또 다른 환상, 즉 행복은 흥분과 같지 않다는 것, 짜릿한 감동과 같지 않다는 것도 이해하십시오. 짜릿한 감동은 욕구를 채우며 사는 데서 온다는 것도 환상입니다. 욕구는 불만을 낳고 조만간 부작용을 낳게 됩니다. 충분히 고통을 겪었을 때 그것을 볼 준비가 됩니다. 여러분은 짜릿한 감동을 양식 삼고 있습니다. 이것은 경주마를 기호 음식들로 기르는 것과 같습니다. 경주마에게 케이크와 포도주를 주는 셈이죠. 경주마를 그렇게 먹이지는 않는 법이죠. 사람을 약으로 기르는 것과도 같습니다. 약으로 배를 채울 수야 없는 법이죠. 영양분 있는 고체 음식과 음료가 필요하죠. 이 모두를 여러분 스스로 이해할 필요가 있습니다.

또 다른 환상은 남이, 어떤 구원자나 구루나 선생이 나 대신 이 일을 해 줄 수 있다는 생각입니다. 세상에서 가장 훌륭한 구루라도 한 발자국인들 나 대신 걸을 수는 없습니다. 스스로 걸어야죠. 아우구스티누스 성인은 이 점을 멋지게 표현했습니다. "예수 그리스도 자신도 많은 청중들을 대신해서 할 수 있는 것은 없었다." 되풀이지만 훌륭한 아랍 격언도 있죠. "비는 모두 같지만 풀밭에 가시나무가 자라게도 하고 정원에 꽃이 자라게도 한다." 그 일을 해야 하는 사람은 **당신**입니다. 다른 누구도 도와줄 수 없습니다. 음식을 소화시켜야 하는 사람은 **당신**입니다. 이해해야 하는 사람은 **당신**입니다. 다른 누구도 대신 이해할 수 없습니다. 찾아야 하는 사람은 **당신**입니다. 아무도 대신 찾아 줄 수 없습니다. 당신이 찾는 것이 진리라면 **당신**이 그걸 찾아야 합니다. 남에게 기댈 수는 없습니다.

아직도 또 다른 환상이 있습니다. 존경받는 것, 사랑받는 것, 인정받는 것, 소중한 사람이 된다는 것, 그게 중요하다는 것입니다. 많은 사람들이 우리는 사랑받고 인정받으며 소속되고자 하는 본성적 충동이 있다고 말합니다. 그건 거짓입니다. 이 환상을 떨쳐 버리십시오. 그러면 행복을 발견할 것입니다. 우리는 자유롭고 싶은 본성적 충동, 사랑받음이 아니라 사랑하고 싶은 본성적 충동을 가졌습니다. 종종 나는 심리 치료 면담 중에 한 가지 매우 공통된 물음에 접합니다. "아무도 날 사랑하지 않아요. 그런데 내가 어떻게 행복할 수 있겠어요?" 나는 말해 줍니다. "사랑받지 않는다는 걸 잊고 내버려 두니 행복해지더라는 그런 순간을 가져 보지 못했다는 말예요?" 물론 그런 순간들은 있고말고요.

예컨대, 한 여자가 영화에 몰입해 있습니다. 코미디를 보며 깔깔거리고 있습니다. 그리고 이 축복받은 시간 동안 아무도 날 사랑하지 않는다, 아무도 날 사랑하지 않는다, 아무도 날 사랑하지 않는다

하며 되씹기를 잊고 있습니다. 행복하죠! 그런데 영화관에서 나오자 함께 영화를 본 친구는 그녀를 홀로 남겨 둔 채 남자 친구와 같이 가 버립니다. 그래서 그녀는 생각하기 시작합니다. "내 친구들은 모두 남자 친구가 있는데 난 없어. 난 정말 불행해. 아무도 날 사랑하지 않아!"

가난한 우리 인도 국민들 중에도 많은 사람들이 트랜지스터 라디오를 가지기 시작했습니다. 인도에서는 제법 사치품이죠. "모두들 트랜지스터가 있는데 난 없어. 난 너무 불행해." 너도나도 트랜지스터를 가지기 시작하기 전에는 그런 것 없어도 얼마든지 행복했는데 말예요. 여러분도 이와 마찬가집니다. 사랑받지 않는다면 행복하지 않을 거라고 누군가가 말해 주기 전에는 얼마든지 행복했던 겁니다. 사랑받지 않고도, 누군가의 원함을 받지 않고도, 누군가에게 매력적이지 않고도 행복할 수 있는 겁니다. 현실과 접촉함으로써 행복해집니다. 그것이 행복을 가져오는 것입니다. 순간순간 현실과 접촉하는 겁니다. 그것이 하느님을 찾을 곳입니다. 그것이 행복을 찾을 곳입니다. 그러나 대부분의 사람들이 이 말을 들을 준비가 되어 있지 않습니다.

또 다른 환상은 외적인 사건들이 상처 입힐 힘이 있다는 생각입니다. 남들이 자기에게 상처를 줄 힘을 가졌다고 생각하는 것입니다.

남들은 그런 힘이 없습니다. 자기가 그런 힘을 그들에게 부여하는 것입니다.

　남들이 붙여 주거나 스스로 붙인 딱지들을 바로 자기라고 생각하는 것 또한 환상입니다. 여러분은 그런 딱지들이 아닙니다. 아니고 말고요! 그러니 그런 것들에 매달려서는 안 됩니다. 누군가가 나를 천재라고 말하고 내가 그걸 정말로 받아들이는 날 나는 크게 낭패하게 됩니다. 왜 그런지 이해할 수 있습니까? 이제 나는 긴장하기 시작하거든요. 그 평가에 맞게 살아야 하고 그 평가를 유지해야 하니까요. 강의 후마다 확인해야 하는 거죠. "강의 좋습디까? 아직도 내가 천재라고 생각해요?" 어때요? 그러니 필요한 건 딱지를 떼어 버리는 겁니다! 떼어 버리고 해방되는 거예요! 딱지들과 동일화하지 마십시오. 그건 남의 생각입니다. 남이 그 순간 나를 체험한 것일 뿐입니다. 내가 정말 천재입니까? 바보? 신비가? 미친 놈? 그게 정작 무슨 상관입니까? 계속 깨달아 있다면 덧없는 것들로 걱정하지 않고 삶을 순간순간 살아가는 겁니다. 이 점이 복음서에 얼마나 절묘하게 표현되어 있습니까. "하늘의 새들을 눈여겨보시오. 그것들은 씨를 뿌리지도 않고 추수하지도 않을 뿐더러 곳간에 모아들이지도 않습니다. … 들의 백합꽃들이 어떻게 자라는지 관찰해 보시오. 그것들은 수고하지도 않고 물레질하지도 않습니다." 이것이야말로 정녕 깨달은 신비가의 말입니다.

그런데 왜 걱정합니까? 아무리 걱정한들 단 일 초라도 목숨을 늘일 수 있어요? 왜 내일 일을 근심합니까? 사후에 삶이 있을까? 사후에 내가 계속 살까? 왜 내일을 염려해요? **오늘에 충실하십시오.** "삶이란 우리가 다른 계획들을 짜느라 바쁜 동안에 우리에게 일어나는 무엇"이라고 누군가 말했습니다. 딱한 노릇이죠. 지금 이 순간을 사십시오. 이것이 깨달을 때 알게 되는 것들 중의 한 가집니다. 현재에 살고 있음을, 현재를 삶으로써 순간마다를 체험하고 있음을 이해하십시오. 한 음에서 멈추지 않고 다른 음으로 넘어가며 교향곡을 들을 때 또 다른 무척 좋은 징조가 나타날 것입니다.

끌어안는 기억들

이것은 내게 다른 주제, 다른 화제를 제공합니다. 그러나 이 새 화제는 내가 이야기해 온 것, 우리가 현실에 더하는 모든 것들에 대해서 깨달으라는 나의 제안과 매우 긴밀히 연결되어 있습니다. 한번 뭉뚱그려 봅시다.

일전에 한 예수회원에게서 들은 얘깁니다. 몇 년 전에 그는 뉴욕에서 강연을 했는데, 그 무렵 거기서는 어떤 사건 때문에 푸에르토리코 사람들의 평판이 매우 나빴습니다. 모두들 온갖 욕들을 하고 있었죠. 그래서 그는 강연 중에 말했습니다. "뉴욕 사람들이 어떤 이민자들에 대해 말한 것들을 조금 읽어 드리겠습니다." 읽어 준 내용인즉 아일랜드인과 독일인 등, 몇 해 전에 뉴욕으로 몰려왔던 모든 이민자들에 대해 실제로 사람들이 하던 말들이었죠! 그러고 나서 그는 매우 훌륭하게 지적해 주었습니다. "이 사람들은 범법 행위를 가지고 들어온 사람들이 아닙니다. 이곳에서 어떤 상황들에 직면해서 범법자들이 되고 있는 겁니다. 우리는 그들을 이해해야 합니다. 사태를 바로잡고 싶다면 편견에서 나오는 반응은 도움이 안 됩니다. 필요한 것은 이해지 단죄가 아닙니다." 여러분 자신 안에서도 이것이 변화를 가져오는 길입니다. 자신을 욕하고 단죄할 것이 아니라, 자신 안에 어떤 일이 일어나고 있는지를 이해할 것입니다. 더러운 죄인으로 자책한다고 해서 자신이 달라지는 건 아닙니다. 아니, 아

니, 아니고말고요!

  깨달음을 얻기 위해서는 보아야 하는데, 편견에 빠져 있으면 볼 수가 없습니다. 거의 모든 것과 모든 사람을 우리는 편견을 가지고 바라봅니다. 미리 판단을 해 놓고 봅니다. 그것은 누구라도 낙담시키기에 거의 부족함이 없습니다.

  오랜만에 친구를 만나 "야, 톰, 반갑군" 하며 얼싸안는 것과 같습니다. 누구를 포옹하는 겁니까? 톰을, 아니면 그에 대한 내 기억을? 살아 있는 인간을, 아니면 몸뚱이를? 나는 그를 여전히 내가 생각했던 그 매력적인 친구라고, 아직도 그에 대한 나의 관념, 내 기억과 연상에 들어맞는다고 확신하고 있죠. 그래서 끌어안습니다. 오 분 후, 나는 그가 변했고 내 흥미를 더 이상 끌지 못함을 발견합니다. 사람을 잘못 알고 포옹한 겁니다.

  이것이 얼마나 진실인지를 알고 싶다면 다음 이야기를 들어보십시오. 한 인도 출신 수녀가 피정을 하러 떠납니다. 공동체 안에서는 모두들 숙덕거립니다. "오, 그게 그 수녀가 입은 특은에 속한다는 건 우리도 알지. 워크숍이다, 피정이다 노상 찾아다니지만, 그런다고 그 수녀가 언제 달라질 때가 있을라고?" 그런데 이런 워크숍에서인지 집단 치료에서인지 혹은 다른 무엇에서인지 그 수녀에게 정말 변화가 일어납니다. 달라진 겁니다. 달라진 걸 모두들 알아차린 거예요. "야, 수녀님은 정말 어떤 통찰에 도달하신 거 아닙니까?" 과연 도달한 것이고, 그 수녀의 행동에서, 신체에서, 얼굴에서 모두들 그 차이를 볼 수 있게 된 겁니다. 내적 변화가 있을 때 으레 그런 법이죠. 그 변화가 얼굴에, 눈에, 몸에 나타나게 마련이죠. 그런데, 그 수녀가 공동체로 돌아오게 되는데 말이죠, 그 공동체는 그 수녀에 대해 미리 판단된 고정관념을 가지고 있기 때문에 계속 그런 편견의 눈을 통해서 그 수녀를 보게 됩니다. 어떤 변화도 못 보는 눈뜬장님일 뿐인 그들은 말합니다. "글쎄, 약간 더 영기가 있어 보이지만 조금만 기다려 보라구. 다시 우울해질 테니까." 그리고 몇 주일 안 가서 과연 다시 우울해져 있습니다. 그들의 반응에 대한 반응이죠. 그러자 모두들 말합니다. "거봐, 우리가 뭐랬어. 변하지 않은 거야." 그러나 비극은, 그 수녀는 변했건만 그들은 그걸 보지 못했다는 것입니다. 그들의 지각이 사랑과 인간관계라는 중대사에서 파괴적인 결과를 낳은 것입니다.

 인간관계란 무엇이든 거기서는 확실히 두 가지가 따라 나타납니다. 즉, 지각의 명료성(우리가 지각할 수 있는 한도 내에서의 명료성. 더러는 우리가 어느 정도까지 지각의 명료성을 얻을 수 있는지에 대해 논쟁을 벌이곤 하지만, 아무튼 우리가 명료한 지각으로 나아가는 게 바람직하다는 데는 누구도 이의가 없겠죠), 그리고 반응의 정확성입니다. 명료하게 지각할 때 정확하게 반응할 개연성이 더 크죠. 지각이 왜곡되어 있으면 정확하게 반응하지 못하기 십상이죠. 보지도 못하는 사람을 어떻게 사랑할 수 있어요? 누군가에게 애착할 때 실제로 그를 보는 겁니까? 두려워하는 누군가를 실제로 보고서 싫어하는 겁니까? 우리는 두려워하는 것을 항상 미워합니다.

"주님에 대한 두려움이 지혜의 시작"이라고들 종종 말합니다. 그러나 잠깐. 나는 그들이 자기들이 말하고 있는 것을 이해하기를 희망합니다. 우리는 항상 우리가 두려워하는 것을 미워하니까요. 우리는 두려워하는 것을 항상 파괴하고 제거하고 피하려 합니다. 누군가를 두려워하면 싫어합니다. 그래서 감정이 방해가 되어 그 사람을 보지 못합니다. 그리고 누군가에게 애착할 때도 마찬가집니다. 참된 사랑은 이미 세상의 통상적인 의미로 사랑하거나 미워하지 않습니다. 명료하게 보고 정확하게 반응합니다. 그러나 현세적 인간의 수준에서는 좋아하고 싫어하고 편애하고 애착하는 등등이 계속 방해가 됩니다. 그러니 편견·기호·혐오·애착 들에 대해 깨달아야 합니다. 그것들이 모두 여러분의 조건화에서 유래하는 그런 것들로서 거기 있는 것입니다. 어떻게 해서 내가 좋아하지 않는 것들을 여러분은 좋아하게 되었을까요? 여러분과 나의 문화가 다르기 때문이죠. 여러분과 내가 받고 자란 교육이 다르기 때문이죠. 내가 즐기는 음식을 좀 권해 보면 여러분은 질겁하실 겁니다.

　인도의 어떤 지역들에는 개고기를 즐기는 사람들이 있습니다. 그런가 하면 개고기 한 점 먹어 보라는 말만 들어도 질겁을 하는 사람들도 있죠. 왜? 다른 조건화, 다른 도식화 때문입니다. 힌두교도들은 먹은 고기가 쇠고기였다는 걸 알면 메스꺼움을 느낄 겁니다. 그러나 미국인들은 쇠고기를 즐기죠. "그런데 그들은 왜 쇠고기를 먹으려 하지 않느냐?"고들 묻는 여러분도 같은 이유로 애완견을 먹으려 하지는 않죠. 같은 이유로. 인도 농부에게 소는 여러분에게 애완견과 같은 겁니다. 그래서 소를 먹고 싶어 하지 않는 겁니다. 농사에 요긴한 동물을 보호하는 일을 배경으로 해서 문화적 편견이 자리 잡게 된 거죠.

　그런데 왜 내가 실제로 어떤 사람과 사랑에 빠지는 걸까요? 왜 저런 유형이 아닌 이런 유형의 사람과 사랑에 빠질까요? 내가 조건지어져 있기 때문이죠. 어떤 특정 유형의 사람이 나에게 주는, 나를 매료시키는 상이 나의 잠재의식에 있기 때문이죠. 그래서 이런 사람을 만나면 홀딱 반하는 겁니다. 그러나 내가 그 사람을 제대로 본 걸까요? 아니죠! 결혼한 후에 보게 되고, 그때가 바로 깨어나는 때인 겁니다! 또 그때가 사랑이 시작될 수 있는 때고. 사랑에 빠진다는 건 사랑과 무관합니다. 사랑이 아닙니다. 욕망이죠. 불타는 욕망. 온 마음으로, 이 황홀한 상대로부터 매력 있다는 말을 듣고 싶어 하고, 들으면 엄청난 감동을 느끼죠. 그런가 하면 다른 사람들은 모두들 "도대체 뭘 보고 저렇게 홀딱 반했담?" 그러죠. 그는 조건화되어 있는 겁니다. 보고 있는 게 아니죠. 사랑은 눈먼 것이라고들 말합니다. 장담하거니와, 참사랑만큼 눈 밝은 것은 없습니다. 그럼요. 그거야말로 세상에서 가장 눈 밝은 것입니다. 탐닉이 눈먼 것이죠. 애착이, 집착과 갈망과 욕망이 눈먼 것이죠. 참사랑은 그렇지 않습니다. 그런 것들을 사랑이라 부르지 마십시오. 하기야 사랑이라는 말이 대부분의 현대어들에서 함부로 쓰이고 있는 게 사실입니다. 사람들은 사랑 만들기나 사랑에 빠지기에 대해 이야기하죠. 소년이 "사랑에 빠져 봤니?" 하니까 소녀가 "아니, 하지만 **좋아하기**에는 빠져 봤어" 하는 것처럼.

그러니 사랑에 빠진다는 게 무슨 말입니까? 첫째로 필요한 것은 지각의 명료성입니다. 우리가 사람들을 명료하게 지각하지 못하는 한 가지 이유는 분명합니다. 우리 감정이 방해가 되기 때문입니다. 우리의 조건화, 우리의 좋아함과 싫어함이 방해가 되기 때문입니다. 그러나 우리는 훨씬 더 근본적인 것들 — 우리의 생각, 우리의 결론, 우리의 개념들 — 과 씨름해야 합니다. 우리가 현실과 접촉하는 데 도움이 되자는 것인 모든 개념이 결국은 현실 접촉을 막는 장벽이 되고 마는 까닭인즉, 믿든 말든, 조만간 우리는 말이 사물은 아님을 잊어버리기 때문입니다. 개념은 현실과 같지 않습니다. 다릅니다. 앞서 내가 하느님을 찾는 데 마지막 장벽은 "하느님"이란 말 자체요 하느님 개념이라고 말한 것도 그 때문입니다. 조심하지 않으면 개념은 방해가 됩니다. 본디는 도움이 되자는 것이었고 도움이 될 수 있지만, 또한 장벽이 될 수도 있는 것입니다.

구체화

내가 한 개념을 가지고 있다면 그것은 으레 다수의 개체들에게 적용시킬 수 있는 무엇이게 마련입니다. 이것은 메리나 존 같은 구체적으로 특정한 이름을 두고 말하는 게 아닙니다. 그런 것은 개념적 의미를 가진 게 아니죠. 한 개념은 얼마든지 많은 개체, 셀 수 없이 무수한 개체들에게 적용됩니다. 개념은 보편적입니다. 예컨대, "잎"이란 단어는 한 나무의 잎 하나하나에 모두 적용될 수 있죠. 잎마다 같은 단어로 불리죠. 나아가 같은 단어가 모든 나무들, 큰 나무·작은 나무·약한 나무·메마른 나무·노란 나무·녹색 나무·바나나 나무 등 모든 나무의 모든 잎에도 적용되죠. 따라서 가령 내가 오늘 아침에 잎을 하나 보았다라고 말한다면 여러분은 내가 본 게 무엇인지 실상 아무것도 모르는 겁니다.

그 점을 이해하실 수 있는지 봅시다. 실상 여러분은 내가 보지 **않은** 것에 대한 어떤 관념을 가지고 있습니다. 여러분은 동물을 보지 않았습니다. 개를 보지 않았습니다. 인간을 보지 않았습니다. 구두를 보지 않았습니다. 따라서 내가 본 것에 대해 어떤 막연한 관념은 있지만, 그것은 특수화되어 있지 않고 구체적이 아닙니다. "인간"이란 원시인·문명인, 어른·아이, 남성·여성, 이런 세대·저런 세대, 이런 문화권 사람·저런 문화권 사람을 구체적으로 언급하는 것이 아니라 한 개념입니다. 그런데 우리가 만나는 인간은 구체적인 인간입니다. 개념과 같은 보편적인 인간을 만나는 일이란 없는 겁니다. 그런데 개념은 그런 보편적인 인간을 가리킵니다. 결코 전적으로 정확하지가 않습니다. 유일성과 구체성을 상실한 거죠. 개념은 보편적입니다.

내가 여러분에게 한 개념을 전달할 때 **무언가**를 주는데, 그러나 그건 얼마나 약소한 겁니까. 과학에는 개념이 상당히 가치 있고 유용합니다. 예컨대, 여기 있는 모든 사람은 동물이다라고 내가 말한다면 과학적 관점에서는 완전히 정확합니다. 그러나 우리 인간은 동물 이상의 존재죠. 메리 제인은 동물이다 한다면 옳은 말이지만 그녀에게 본질적인 것을 빠뜨렸기에 또한 틀린 말입니다. 정당하지 못한 표현이죠. 한 여자를 여자라고 부를 때 그건 옳은 말이지만 그 사람에게는 여자라는 개념에 맞지 않는 것들이 많이 있어요. 그녀는 항상 특별하고 구체적이며 독특한 여자죠. 그녀는 개념화될 수 있는 것이 아니라 체험될 수 있을 뿐입니다. 구체적 인간은 내가 스스로 보아야 하고 스스로 체험해야 하며 스스로 직관해야 합니다. 개인은 직관될 수 있는 것이지 개념화될 수 있는 게 아닙니다.

인간은 사고하는 정신을 초월합니다. 아마 여러분 중 많은 분들이 미국인이라 불리는 걸 자랑스러워하겠죠. 많은 인도인들이 인도인이라 불리는 걸 자랑스러워할 것처럼. 그러나 "미국인"이란 뭡니까? "인도인"이란 뭡니까? 인습이죠. 본성의 일부가 아닙니다. 딱지에 불과해요. 실제로 그 사람을 알려 주는 게 아닙니다. 개념은 으레 지극히 중요한 것, 현실에서만 발견되는 귀중한 것인 구체적 독특성을 놓치거나 빠뜨립니다. 위대한 크리슈나무르티가 "그 어린이에게 그 새의 이름을 가르쳐 주는 그날, 그 어린이는 그 새를 다시는 보지 못할 것이다"라고 말했을 때 그는 이 점을 아주 잘 표현했습니다. 얼마나 옳은 말입니까! 털이 보풀보풀하고 활기차게 움직이는 대상을 어린이가 처음 보았을 때 참새라고 가르쳐 주었는데, 다음 날 그 어린이가 털이 보풀보풀하고 움직이는 다른 비슷한 대상을 보고는 말하는 겁니다. "아, 참새. 참새를 봤어. 난 참새가 **싫증 나**."

　사물을 개념을 통하지 않고 본다면 결코 싫증 나는 일이 없습니다. 저마다 독특하죠. 참새마다 비슷하면서도 똑같지는 않죠. 유사성이란 크게 유익합니다. 그래서 우리가 추상을 할 수 있고, 그래서 우리가 개념을 가질 수 있죠. 의사소통이나 교육이나 과학의 관점에서는 큰 도움이 되죠. 그렇지만 또한 구체적 개인을 보는 데는 매우 오도하는 큰 방해가 되기도 합니다. 체험하는 전부가 개념이라면 현실을 체험하는 게 아닙니다. 현실은 구체적이니까요. 개념은 현실로 **인도**하는 데 도움이 되지만 현실에 도달할 때는 현실을 직관하거나 직접 체험해야 합니다.

개념의 둘째 성질은 현실이 유동적임에 반해 개념은 정태적이라는 점입니다. 우리는 나이아가라 폭포라는 같은 이름을 사용하지만 그 물은 줄곧 변하죠. "강"이라는 단어가 있지만 강물은 끊임없이 흐르죠. "몸"이라는 낱말이 있지만 몸의 세포들은 계속 재생되죠. 예컨대, 밖에서 세찬 바람이 불고 있는데 내가 우리 고향 사람들에게 미국의 강풍이나 허리케인이 어떤 건지 가르쳐 주고 싶다고 합시다. 그래서 밖에 나가 담뱃갑에다 그 바람을 담아 두었다가 고향에 돌아와서는 "이걸 봐" 한다고 합시다. 물론 이미 강풍은 아니잖아요? 단번에 **갇혀** 버린 거죠. 혹은 강의 흐름이 어떤 건지 느낌을 전하고 싶어서 물통에 강물을 담아 온다고 합시다. 담는 순간 흐름은 멈춘 겁니다. 사물을 개념에 담는 순간 흐름이 멈춥니다. 정체됩니다. 죽은 겁니다. 얼어붙은 파도는 파도가 아닙니다. 파도는 본질적으로 운동입니다. 활동입니다. 얼리면 파도가 아니죠. 개념들은 항상 동결되어 있습니다. 현실은 유동합니다. 결국, 우리가 신비적인 것을 믿고자 할진대 — 이 점을 이해하거나 심지어 믿는 데 너무 많은 노력이 필요하지는 않더라도 아무도 단번에 파악할 수는 없지만 — 현실은 **온전한** 것입니다. 단어나 개념은 현실을 **단편화**합니다. 한 언어를 다른 언어로 옮기기가 그토록 어려운 것도 그 때문입니다. 언어마다 현실을 달리 쪼개 놓기 때문이죠. 영어 단어 home을 프랑스어나 스페인어로 옮기기는 불가능합니다. casa가 home은 아니죠. home은 영어에 특유한 연상들이 있거든요. 언어마다 번역될 수 없는 단어나 표현들이 있는데, 우리가 현실을 잘라 내어 무언가를 더하거나 덜어 내고 있고 그 용법이 계속 변하고 있기 때문입니다. 현실은 온전한 것인데 우리는 그걸 잘라 내어 개념들을 만들고 여러 다른 부분들을 가리킬 뿐인 단어들을 사용하는 겁니다. 예컨대, 평생 동물이라고는 한번도 보지 못한 사람이 어느 날 꼬리를 — 그저 꼬리만을 — 보았는데 누군가가 "그건 꼬리야"라고 말해 주었다면, 동물이 무언지도 전혀 모르면서 꼬리가 무언진들 알겠어요?

관념들은 온전한 것인 현실을 보거나 직관하거나 체험한 것을 사실상 조각냅니다. 이것이 신비가들이 늘 우리에게 말해 주는 점입니다. 단어들은 현실을 제시할 수 없습니다. 가리키고 지적할 뿐입니다. 현실에 도달하는 길을 가리키는 데 이용되는 수단들이죠. 그러나 일단 도달하면 개념들은 쓸모가 없습니다. 한 힌두교 사제가 한 철학자와 논쟁을 벌였습니다. 철학자는 신에 대한 마지막 장애는 "신"이라는 말, 신이라는 개념이라고 주장했습니다. 사제는 대단히 충격을 받았는데, 그러나 철학자는 말했습니다. "어느 집으로 가려고 타고 가는 당나귀가 그 집에 들어가는 수단은 아닙니다. 거기 당도하기 위해 그 개념을 이용하지만 그러고 나면 내려서 두고 들어가지요." 현실이란 말이나 개념에 담을 수 없는 것임을 이해하기 위해 신비가가 될 필요는 없습니다. 현실을 알기 위해서는 **앎을 넘어서 알아야** 합니다.

말을 해서 종을 울리나?『무지의 구름』[12]을 읽은 사람은 이 표현을 이해할 것입니다. 시인·화가·신비가 그리고 위대한 철학자들 모두가 그 진리를 암시하고 있습니다. 어느 날 내가 나무 한 그루를 살펴보고 있다고 합시다. 지금까지는 그 나무를 볼 때마다 "나무로군" 했습니다. 그런데 오늘은 그 나무를 바라보면서 한 나무를 보는 게 아닙니다. 적어도 습관적으로 보던 것을 보는 게 아닙니다. 어린이의 시각과 같은 새로운 시각으로 무언가를 보는 겁니다. 그것에 대한 말을 가지고 있지 않습니다. 유일무이한, 온전한, 유동하는, 조각나지 않은 무언가를 보는 겁니다. 그래서 나는 경외심을 느끼게 됩니다. 여러분이 나에게 "무얼 보았소?" 하고 묻는다면 내가 무어라고 대답할 것 같습니까? 나는 할 말이 없는 겁니다. 현실에 해당하

---

[12] *The Cloud of Unknowing*: 1360년경 영국에서 씌어진 신비주의 작품. 저자는 미상이나 큰 단체를 이끌면서 영국 동부 미드란즈의 시골 사제나 수도자였던 것으로 추측된다. 이 책은 24세의 제자에게 써 준 것인데, 저자는 그 제자의 내적 생활을 네 단계로 나눈다. 세속에서의 "보통 단계", 수도생활의 "특수 단계", 관상생활의 "독특 단계", 하느님의 사랑으로 완성되는 "완전 단계"가 그것이다. "무지의 구름"이란 하느님의 본성 자체와 관상자 사이에 가로막힌 벽을 뜻한다. 인간의 지성은 하느님의 본성을 파악할 수 없다는 것이다. 하느님은 인간이 "사고할 수 있는 자"가 아니라 "사랑할 수 있는 자"라는 것이다.

는 말이란 없는 겁니다. 내가 한 단어로 옮겨 놓자마자 우리는 다시 개념들 속으로 되돌아가기 때문이죠.

그런데 내 감각에 보이는 이 현실을 내가 표현할 수 없다면 눈에 보이지 않고 귀에 들리지 않는 것을 어떻게 표현할까요? 하느님이라는 현실에 대한 말을 어떻게 찾을까요? 토마스 아퀴나스와 아우구스티누스와 그 밖의 모든 이들이 말하고자 한 것, 그리고 교회가 하느님은 신비라고, 인간의 지성으로는 파악할 수 없다고 말할 때 계속 가르치고 있는 것이 이해되기 시작하십니까?

위대한 칼 라너의 마지막 편지들 중 하나로, 도움을 청한 한 젊은 독일인 약물중독자에게 보낸 답장이 있습니다. "당신네 신학자들은 하느님에 대해 말합니다. 그러나 이 하느님이 내 삶과 어떻게 관계가 있을 수 있습니까? 이 하느님이 어떻게 내게서 약을 제거할 수 있습니까?"라는 그 중독자의 물음에 이렇게 대답했습니다. "정직하게 고백해야겠습니다마는, 나에게 하느님이란 절대적 신비고 또 언제나 그랬습니다. 나는 하느님이 누구인지 이해 못합니다. 아무도 이해할 수 없습니다. 우리는 암시를 받고 어렴풋이 압니다. 우리는 더듬거리면서 신비를 말로 옮겨 놓으려는 부적합한 시도를 합니다. 그러나 그에 대한 낱말은 전혀 없습니다. 그에 대한 문장은 전혀 없습니다." 또 런던에서 어떤 신학자들의 모임에서는 이렇게 말했습니다. "신학자들의 과제는 모든 것을 하느님을 통해서 설명하는 것이고 하느님을 설명할 수 없는 분으로 설명하는 것입니다." 설명할 수 없는 신비. 우리는 모릅니다. 말할 수 없습니다. "아, 아 …."

말이란 가리키는 것입니다. 묘사가 아닙니다. 비극적이게도, 사람들은 하느님과 관련된 거기서 말을 그것이라고 생각하기 때문에 우상숭배에 빠집니다. 어떻게 그렇게 미칠 수가 있겠습니까? 그보다 더 미친 짓이 있을 수 있어요? 인간과 관련된, 혹은 나무나 잎이나 동물과 관련된 거기서도 말이 그것은 아닙니다. 하물며 하느님과 관련해서 말을 그것이라고? 무슨 소리! 샌프란시스코에서 우리의 이런 과정에 참가했던, 국제적으로 유명한 한 성서학자가 "맙소사, 당신 말을 듣고 보니 난 평생 우상을 숭배해 왔어요!" 하고는 이렇게 털어놓더군요. "난 우상숭배자라는 생각이 들어 본 적이 없어요. 내 우상은 나무나 쇠로 만든 게 아니거든요. 정신적 우상이죠." 정신적 우상은 더 위험하죠. 정신이라는 매우 미묘한 재료를 써서 하느님을 만들어 내니까.

내가 여러분을 이끌어 가고자 하는 곳인즉, 여러분 주변의 현실에 대한 깨달음입니다. 깨달음이란 여러분 안과 여러분 주위에서 어떤 일이 진행 중인지를 살피는 것, 관찰하는 것을 뜻합니다. "진행 중"이라는 말은 썩 정확한 표현이죠. 나무 · 풀 · 꽃 · 동물 · 바위 … **모**

든 현실이 움직이고 있으니까. 그걸 관찰하는 겁니다. 그걸 살펴보는 겁니다. 자신만이 아니라 모든 현실을 살펴본다는 건 인간에게 얼마나 중요한지 모릅니다. 여러분은 개념들에 갇혀 있잖아요? 감옥을 부수고 나오고 싶어요? 그렇다면 **보십시오**. 관찰하십시오. 관찰에 시간을 쓰십시오. 무엇을 살피느냐고요? **무엇이든**. 사람의 얼굴, 나무의 형체, 나는 새, 돌무더기, 풀이 자라는 것을 살펴보십시오. 사물들과 관계하면서 바라보십시오. 희망컨대, 그때 여러분은 우리 모두가 개발해 놓은 견고한 틀들을, 우리의 생각들과 말들이 우리에게 둘러씌운 그 틀들을 부수고 나오게 될 것입니다. 희망컨대, 우리는 보게 될 것입니다. 무엇을? 우리가 현실이라고 부르기로 한, 무엇이든 말과 개념을 초월한 그것을. 이것은 하나의 영적 수행으로서 — 영성과 연결된 것으로서 — 새장을, 개념과 말의 속박을 부수고 나오는 일과 연결되어 있는 것입니다.

우리가 삶을 허송하며 어린이의 눈으로 삶을 바라보는 일이 없다면 얼마나 슬픈 일입니까. 그렇다고 많은 개념들을 깡그리 떨쳐 버려야 한다는 말은 아닙니다. 우리가 시작하는 것은 개념들이 없이 하는 것이지만, 개념들은 매우 긍정적인 기능이 있습니다. 그 덕택에 우리는 지성을 발전시킵니다. 우리가 권유받는 것은 어린이가 되라는 게 아니라 어린이**같이** 되라는 겁니다. 우리는 정녕 순진무구의 무대에서 떨어져 낙원 밖으로 쫓겨나야 합니다. 이런 개념들을 통해서 "나"와 "내 것"을 개발해야 합니다. 그러나 그 후에는 낙원으로 돌아갈 필요가 있습니다. 다시 속량될 필요가 있습니다. 우리는 옛 사람, 옛 본성, 조건화된 자기를 벗어 버리고, 어린이가 됨이 없이 어린이의 상태로 돌아갈 필요가 있습니다. 인생을 출발할 때 우리는 놀라움으로 현실을 바라보지만, 그것은 신비가의 지성적 경이가 아니라 어린이의 무형한 경이입니다. 그러고는 우리가 언어와 낱말들과 개념들을 개발함에 따라 경이는 사라지고 권태가 대신합니다. 그러고는 희망컨대, 운이 좋다면 우리는 다시 경이로 돌아갈 것입니다.

그런 게 아니다

전 유엔 사무총장 닥 함마르셸드는 이것을 아름답게 표현했습니다. "우리가 위격적 신성을 믿지 않게 되는 날 하느님이 죽지는 않는다. 그러나 이성을 뛰어넘는 데서부터 나날이 새로운 경이의 광채가 끊임없이 우리의 삶을 비추지 않게 되는 날 우리가 죽는다." 낱말 하나로 다툴 것은 없습니다. "하느님"이란 한 낱말이고 한 개념일 뿐이죠. 현실을 두고 다투는 일은 없습니다. 견해를, 개념을, 판단을 두고 다툴 뿐이죠. 개념들을 버리십시오. 견해·편견·판단 들을 버리십시오. 그러면 현실을 볼 것입니다.

"Quia de deo scire non possumus quid sit, sed quid non sit, non possumus considerare de deo, quomodo sit sed quomodo non sit." 이것은 토마스 아퀴나스 성인이 『신학대전』 전체를 소개하는 글입니다. "우리는 하느님이 무엇인지를 알 수 없고 하느님이 무엇이 아닌지를 알 수 있으므로, 하느님이 어떤 분인지를 고찰할 수 없고 하느님이 어떤 분이 아닌지를 고찰할 수 있다." 보에시우스의 『삼위일체론』에 대한 토마스의 주해도 이미 언급했죠. 거기서 토마스는 하느님 인식의 최고 단계는 하느님을 "알려지지 않는 분"tamquam ignotum 으로 아는 것이라고 했죠. 또, 『하느님의 능력에 관한 쟁점 문제』에서도 "우리는 하느님을 모른다는 것을 아는 것, 이것이 하느님에 대한 인간 인식에서 궁극적인 것이다"라고 말합니다. 이 어른으로 말하면 신학자들의 군주로 여겨진 분이죠. 신비가였고 오늘날에는 성인으로 공식 선포되어 있는 분이죠. 우리는 퍽 훌륭한 기반 위에 서 있는 겁니다.

인도에는 이에 해당하는 산스크리트어 격언이 있죠. "네티, 네티." "그런 게 아니다, 그런 게 아니다"라는 뜻이죠. 토마스 자신의 방법은 via negativa, 즉 "부정의 길"[13]이라고 일컫죠. C.S. 루이스는 아내가 죽어 가는 동안 『비탄의 관찰』이라는 일기를 썼습니다. 그는 매우 사랑하는 한 미국 여인과 결혼했습니다. "하느님께서 이십 대 때 내게 거부하셨던 것을 육십 대 때 내게 주셨다네" 하고 그는 친구에게 말했습니다. 결혼하자마자 그녀는 암으로 고통스럽게 죽었습니다. 루이스는 온 신앙이 마치 아이들의 장난감 집처럼 허물어졌다고 말했습니다. 그는 대단한 그리스도교 호교론자였는데, 불행이 가정을 강타하자 자문했습니다. "하느님은 자애로운 아버지냐, 아니면 위대한 생체해부자냐?" 두 가지 다 아주 훌륭한 증거가 있죠! 우리 어머니가 암에 걸렸을 때 누이가 나에게 이렇게 묻던 것이 기

---

[13] "부정의 길"은 『신학대전』 제1권 제3문제의 머리말에 "Quia de deo ... quomodo non sit"으로 기술되어 있다. 부정의 길은 제3문제로부터 제13문제까지 이어진다. 구체적으로, 제3문제의 제1절은 "하느님이 물체인가?"를 묻고 부정의 답을 이끌어 내는 식이다. 이와는 다른 "긍정의 길"은 q.13의 마지막 항(a.12)에서 "하느님에 대해 긍정적 주장들을 펼 수 있는지 없는지"로 소개되고 『신학대전』 끝까지 이어진다.

억납니다. "토니, 왜 하느님은 어머니에게 이런 일이 생기도록 허락하셨을까?" "얘, 지난해 중국에서 가뭄 때문에 백만의 사람들이 굶어 죽었는데, 넌 의문을 제기한 일이 없어." 종종 우리에게 일어날 수 있는 최선의 일은 재앙의 충격으로 우리가 현실에 눈뜨게 되는 것입니다. 그때 우리는 루이스가 그랬던 것처럼 신앙에 도달하는 것입니다. 전에는 사람이 죽음에서 살아남는다는 것을 의심한 적이 없는데 아내가 죽자 확신이 없어졌다고 루이스는 말했습니다. 왜? 그에게는 그녀가 살아 있는 것이 그토록 중요했기 때문입니다. 아시다시피 루이스는 비교와 유추의 대가죠. 그는 말합니다. "그것은 밧줄과 같다. '이게 일백이십 파운드 무게를 지탱할까요?' '그럼요.' '좋아요, 우린 이 밧줄로 당신의 가장 친한 친구를 내리려고 해요.' '잠깐, 내가 그 로프를 다시 시험해 보겠소.' 이제는 확신이 없는 것이다." 루이스는 또한 그의 일기에서 우리는 하느님에 대해 아무것도 알 수 없다고, 심지어 하느님에 대한 우리의 의문들이란 어리석다고 했습니다. 왜? 마치 태생 소경이 "녹색은 뜨겁냐 차냐?"고 묻는 것과 같으니까. Neti, Neti. 그런 게 아냐. "기냐 짧냐?" 그런 게 아냐. "다냐 시냐?" 그런 게 아냐. "둥그냐 모나냐?" 그런 게 아냐, 그런 게 아니라니까. 그 소경에게는 색깔에 대한 관념도 직관도 경험도 없고 거기 해당하는 말도 개념도 없습니다. 그에게는 유비를 통해 이야기할 수 있을 뿐입니다. 뭐라고 묻든 "그런 게 아니다"라고 말할 수 있을 따름입니다. 루이스는 어디선가, 그것은 노랑색 속에 몇 분分이 있느냐고 묻는 것과 같다고 말합니다. 모두들 그 질문을 매우 진지하게 받아들여 논쟁을 벌일 수도 있겠죠. 한 사람은 "노랑색 안에 당근이 스물다섯 개 있을 거야" 하고, 다른 사람은 "아니야, 토마토 일흔 개야" 하고, 그러다가 어처구니없는 싸움이 벌어지는 거죠. 그런 게 아냐, 그런 게 아니라니까!

이런 것이 우리가 모른다는 것을 아는 것이 하느님에 대한 우리 인간 인식에 있어서 궁극적이라는 것입니다. 우리의 큰 비극은 우리가 너무 많이 안다는 것입니다. 우리는 안다고 **생각**하는데, 그게 우리의 비극입니다. 그래서 우리는 발견하지 못합니다. 실제로 토마스 아퀴나스는 — 그는 신학자이자 또한 위대한 철학자죠 — 거듭 말합니다. "인간 정신의 온갖 노력으로도 단 한 마리 파리의 본질도 다 알아내지는 못한다."

문화적 조건화

말에 대해 좀 더 이야기합시다. 앞서 나는 말이란 한계가 있다고 했습니다. 거기 덧붙일 것이 있습니다. 아무것에도 들어맞지 않는 말들이 더러 있습니다. 예컨대, 나는 인도인이죠. 그런데 내가 파키스탄에서 전쟁 포로가 되었다고 합시다. 사람들이 나에게 "자, 오늘은 우리가 당신을 국경으로 데리고 가겠소. 당신은 당신 나라를 보게 될 것이오"라고 말합니다. 그리고 그들은 나를 국경으로 데리고 가고, 나는 저 건너편을 바라보면서 생각합니다. "오, 나의 조국, 나의 아름다운 조국! 마을들과 나무들과 언덕들이 보이는구나. 이것이 내 나라, 내 조국의 땅이로구나!" 잠시 후 한 안내인이 말합니다. "미안하오, 우리가 실수를 했소. 십 마일을 더 가야겠소." 내가 반응하고 있었던 게 뭡니까? 아무것도 아니죠. 인도라는 한 단어에 계속 집중했던 것입니다. 나무들이 인도는 아닙니다. 나무는 나무죠. 사실상 거기에 국경이나 경계선이란 없는 겁니다. 사람들의 마음에 의해 거기 놓여진 거죠. 일반적으로 어리석고 탐욕스런 정치가들에 의해서. 우리나라는 옛날엔 한 나라였습니다. 지금은 넷입니다. 우리가 주의하지 않는다면 여섯이 될지도 모릅니다. 그때는 우리가 여섯 개의 깃발, 여섯 종류의 군대를 가지게 되겠죠. 깃발에 경례하는 나를 여러분이 결코 목격하지 못할 이유가 바로 그것입니다. 나는 모든 국기를 혐오합니다. 우상들이기 때문입니다. 우리는 무엇에 경례하고 있습니까? 내가 경례하는 건 인간입니다. 주변에 군대를 거느린 깃발이 아닙니다.

깃발들은 사람들의 머릿속에 있습니다. 어쨌든 우리의 어휘 속에는 현실과 전혀 부합하지 않는 수천 단어들이 있습니다. 그런데도 그것들이 우리 안에서 감정을 일으킵니다! 그래서 우리는 실재하지 않는 사물들을 보기 시작합니다. 우리는 인도의 산들이 존재하지 않을 때도 사실상 그것들을 **보고** 있고 역시 존재하지도 않는 인도 사람들을 사실상 보고 있습니다. 여러분의 미국적 조건화가 존재합니다. 나의 인도식 조건화가 존재합니다. 그러나 그것은 썩 행복한 일이 아닙니다. 오늘날 제삼세계 나라들에서는 "문화 토착화"에 대해 많은 얘기들을 합니다. 이 "문화"라는 게 뭡니까? 나는 그 말이 썩 마음에 들지 않습니다. 무언가를 행하도록 조건화되었으니 그걸 행하고 싶다는 뜻인가요? 무언가를 느끼도록 조건화되었으니 그걸 느끼고 싶다는 뜻인가요? 그건 기계적이 되는 게 아닙니까? 러시아인 부부에게 입양되어 러시아로 간 미국인 아이를 상상해 보십시오. 미국인으로 태어났다는 생각조차 없습니다. 러시아어를 말하면서 자라고, 모국 러시아를 위해 살고 죽습니다. 미국인들을 증오하고. 그에게는 그 자신의 문화가 찍혀 있고 그 자신의 문학이 배어 있습니다. 그는 자기 문화의 눈을 통해 세상을 봅니다. 그런데, 자기 문화의 고유 의상을 입고 싶어 한다면, 그야 좋은 일이죠. 인도 여인이라면 사리를 입겠고, 미국 여인이라면 다른 옷을, 일본 여인이라면 기모노를 입겠죠. 그러나 아무도 자기를 의상과 동일시하지는 않습니다. 그러면서도 정녕 자기 문화를 더 의도적으로 입고자 합니다. 자기네 문화를 자랑스러워하죠. 자랑스러워하도록 사람들이 가르치죠. 이 점을 나는 되도록 강조하고자 합니다. 예수회원인 내 친구가 이런 말을 하더군요. "언제고 난 걸인이나 가난한 사람을 보면 적선을 안 할 수가 없다네. 어머니에게서 그걸 배웠지." 그의 모친은 지나가는 가난한 사람에게 끼니를 제공하곤 했더랍니다. 나는 그에게 말했습니다. "죠, 자네가 가진 건 덕이 아니네. 강박관념이지. 걸인 편에서 보면 **착한** 일이지만 아무튼 그건 강박관념이야." 우리 예수회 뭄바이 관구 회원들 간의 한 친교 모임에서 또 다른 예수회원이 했던 말이 기억나는군요. "나는 팔십 세인데, 육십오 년간 예수회원이었소. 난 묵상 시간을 빠뜨린 적이 없소. 단 한 번도." 그런데, 그것은 매우 탄복할 만한 일일 **수도** 있겠지만 혹은 강박관념일 수도 있겠죠. 만일 기계적이라면 큰 공덕은 아니죠. 한 행위의 아름다움은 그것이 습관이 되는 데서 나오는 게 아니라 그 민감성, 자각, 지각의 명료성, 반응의 정확성에서 나오는 겁니다. 나는 한 걸인에게는 응하고 다른 걸인에게는 응하지 않을 수 있습니다. 나의 과거 체험이나 나의 문화에서 오는 조건화 또는 설계화에 의해 강박되지 않는 겁니다. 아무도 나에게 무얼 각인하지 않았고, 그랬다 하더라도 나는 이미 그것을 바탕 삼아 반응하지 않습니다. 만일 여러분이 미국인에 대한 나쁜 경험이 있거나 개에 물린 적이 있거나 어떤 음식에 대해 나쁜 경험을 했다면 여생 동안 그런 경험들에 영향을 받을 것입니다. 그게 안 좋습니다! 거기서 해방될 필요가 있습니다. 과거의 나쁜 경험을 지니고 다니지 마십시오. 정녕, 과거의 좋은 경험도 지니고 다니지 마십시오. 무엇을 충분히 경험한다는 게 무슨 뜻인지를 배우십시오. 그러고는 앞서의 것에서 영향을 받지 말고 그걸 떨쳐 버리고 다음 순간으로 옮겨 가십시오. 바늘귀라도 통과할 수 있을 만큼 홀가분하게 여행하게 될 것입니다. 영생이 무엇인지 알게 될 것입니다. 영생이란 **지금**이니까요. 시간이 없는 지금 안에 있으니까요. 이래야만 영생에 들어가는 법입니다. 그러나 우리는 얼마나 많은 것들을 지니고 다닙니까? 우리를 자유롭게 하는 일, 짐들을 버리려는 일, 우리 자신이 되는 일을 우리는 하려 들지 않는 겁니다. 말하자니 애석하게도 나는 다니는 곳곳에서마다 이 일에서 비켜 가는 데 회교도들이 그들의 종교, 그들의 예배, 그들의 코란을 이용하고 있는 걸 발견합니다. 힌두교도들과 그리스도교도들도 마찬가집니다.

말에 영향을 받지 않게 된 사람을 상상할 수 있습니까? 그에게도 얼마든지 무슨 말이나 해 줄 수 있고 그도 여전히 꽤 많은 말을 해 줄 것입니다. "나는 대교구장 아무개 추기경이오" 한다고 해서 그 때문에 그의 말이 줄어들지는 않을 것입니다. 상대방을 있는 그대로의 상대방으로 보는 거죠. 딱지에 영향 받지는 않는 겁니다.

여과되는 현실

현실에 대한 우리의 지각에 관해서 한 가지 더 말하고자 합니다. 유추의 형태로 표현하겠습니다. 미국 대통령은 국민들의 반응을 접수해야 합니다. 로마 교황은 온 교회의 반응을 접수해야 합니다. 글자 그대로 수백만 건이 접수될 수도 있겠는데, 그 모두를 직접 살피기란 거의 불가능하고 훨씬 적은 분량만 소화할 수 있겠죠. 그래서 사람들을 두어 그 사안들을 추출하고 요약하고 점검하고 여과하는 일을 맡겨 놓고, 결국은 그 일부가 결재 사안으로 올라가게 되죠. 그런데, 우리에게 일어나는 일도 이와 같습니다. 우리는 우리 몸의 모든 털구멍이나 살아 있는 세포로부터, 그리고 우리의 모든 감각기관들로부터, 현실에서 나오는 반응을 접수하고 있습니다. 그러나 우리는 그것들을 끊임없이 걸러 내고 있습니다.[14] 누가 그 여과 작용을 하고 있습니까? 우리의 조건화? 우리의 문화? 우리의 설계화? 우리가 가르침받은, 사물을 보고 경험하는 방법? 우리의 언어까지도 한 여과

---

[14] 저자의 이야기는 우리의 감각기관들을 통해 입수된 정보가 우리 안에 선재하는 정보들이나 우리 욕망 등의 방해를 받아서 실재를 제대로 전달하지 못한다는 것이지 우리의 의식 세계에 있어서의 자기 보호 기능을 이야기한 "여과기 이론"(filter theory)을 언급하는 것은 아니다. 여과기 이론은 생리학의 가설로서 우리 유기체는 유기체가 감당할 수 없는 무의식 세계의 정보가 의식 세계로 유입되는 것을 뇌의 생리적 기능에 의해 차단하게 되어 있다는 이론이다. 이 기능은 정신병이나 약물 복용에 의해 무너질 수도 있어서 그때는 비상한 의식에 도달하게 된다. 명상 또한 그 기능을 초월하는 방법이지만 전자의 경우가 병적임에 반해 바람직하다. 선천적으로 그런 기능의 벽을 쉽게 건너뛰는 사람을 영매(psychic)라고도 한다.

기가 될 수 있습니다. 하도 많은 여과기들이 계속 작동 중이어서 종종 사물을 있는 그대로 보지 못하게 되죠. 편집증 환자만 보더라도 그는 늘 존재하지 않는 무엇에 의해 학대받는다고 느끼고 있고 줄곧 과거의 어떤 체험이나 조건화된 어떤 환경에 따라서 현실을 해석하고 있습니다.

그러나 여과를 하고 있는 또 다른 악령도 있습니다. 집착·욕망·갈망이라는 것이죠. 슬픔의 뿌리는 갈망입니다. 갈망은 지각을 왜곡하고 파괴합니다. 두려움과 욕망은 악령처럼 끊임없이 출몰하며 우리를 괴롭힙니다. "자기가 한 주일 내에 단두대에 매달릴 것을 안다면 그것은 놀랍도록 정신을 집중시킨다"라고 사무엘 존슨은 말했습니다. 다른 모든 걸 지워 버리고 오로지 두려움에, 혹은 욕망에, 혹은 갈망에 집중하는 겁니다. 어릴 적에 우리는 여러 가지로 중독되었습니다. 우리는 사람들을 필요로 하도록 길러졌습니다. 무얼 위해서? 받아들여지기 위해서, 칭찬·인정·박수받기 위해서. 사람들이 성공이라고 부르는 것을 위해서. 그런 것들은 현실에 부합하지 않는 말들입니다. 그것들은 인습들, 발명된 것들이지만 우리는 그것들이 현실에 부합하지 않는다는 걸 깨닫지 못합니다. 무엇이 성공입니까? 한 무리가 좋은 것이라고 결정해 놓은 것이죠. 다른 집단은 똑같은 것을 나쁘다고 결정할 것입니다. 워싱턴에서는 좋은 것이 카르

투지오 수도원에서라면 나쁜 것으로 생각될 수도 있죠. 정치권에서는 성공인 것이 다른 동아리에서는 실패로 여겨질 수도 있죠. 이런 것들은 인습들입니다. 그런데도 우리는 그것들을 현실처럼 취급하잖아요? 어릴 적에 우리는 불행하도록 설계되었습니다. 사람들은 우리에게, 행복해지기 위해서는 돈, 성공, 잘생긴 배필, 좋은 직업, 우정, 영성, 하느님 — 여러분은 이것도 꼽죠 —, 이런 것들이 필요하다고 가르쳤습니다. 이런 것들을 얻지 않고서는 행복하지 않을 것이라고 사람들은 말합니다. 그런데, 이것이 바로 내가 집착이라고 부르는 것입니다. 집착이란 그 무엇이 없이는 행복하지 않으리라는 확신입니다. 일단 그렇게 확신하고는 — 그리고 그것이 우리의 잠재의식에 침투하여 우리 존재의 뿌리에 각인을 하게 되고는 — 그걸로 끝인 겁니다. "건강이 좋지 않다면 어떻게 행복할 수 있느냐?" 그러나 중요한 것을 말씀드리겠습니다. 나는 암으로 죽어 가면서도 행복한 사람들을 만났습니다. 죽을 것을 알면서도 어떻게 행복할 수 있었을까요? 그러나 사실이 그랬습니다. "돈이 없다면 어떻게 행복할 수 있느냐?" 은행에 백만 달러가 있으면서도 불안을 느끼는 사람이 있는가 하면, 땡전 한푼 없는데도 불안한 기색이라곤 보이지 않는 사람도 있습니다. 한마디로 사람이 달리 설계된 거죠. 첫째 사람에게 어떻게 하라고 훈계를 해 봐야 소용없습니다. 그는 이해가 필요합니다. 훈계란 큰 도움이 못 됩니다. 자기가 그렇게 설계되었다는 것을, 그런 그릇된 신념에 길들여졌다는 것을 이해할 필요가 있습니다. 그것이 그릇된 것임을 보십시오. 환상임을 보십시오. 사람들은 평생 동안 무얼 하고 있습니까? 싸우느라 바쁩니다. 싸움, 싸움, 싸움. 이른바 생존경쟁이죠. 평균치의 미국인이 생계비를 번다고 말할 때, 그건 생계비를 버는 게 아닙니다. 아니고말고요! 그들은 생계에 필요한 것보다 훨씬 많이 가지고 있습니다. 우리나라로 와 보시면 그걸 알 것입니다. 그 모든 차들이 사는 데 필요하지는 않죠. 텔레비전이 사는 데 필요하지는 않죠. 화장이 사는 데 필요하지는 않죠. 그 많은 옷들이 모두 사는 데 필요하지는 않죠. 그러나 중산층 미국인들은 그렇게 믿으려고 합니다. 세뇌된 겁니다. 설계된 겁니다. 그래서 행복하게 만들어 줄 욕망의 대상을 얻기 위해 일하고 분투합니다. 이 비감한 이야기를 들어 보십시오. 여러분의 이야기, 나의 이야기, 누구나의 이야기입니다. "내가 그 대상 — 돈, 우정, 무엇이든 — 을 얻기까지는 나는 행복하지 않으리. 그것을 얻기 위해 분투해야지. 그것을 얻었을 때는 그것을 지키기 위해 분투해야지. 벌써 신이 나는구나. 얼씨구, 그걸 얻었다고 생각만 해도 짜릿하구나!" 그러나 그 짜릿한 신명이 얼마나 오래갈까요? 몇 분, 많아야 며칠이죠. 깔깔한 새 차를 가지게 되었을 때 그 감동이 얼마나 지속될까요? **다음**번 애착이 위협받을 때까지죠!

 짜릿한 감동과 관련된 진실인즉 잠시 후에 싫증이 난다는 것입니다. **기도**가 중요한 것이라고들 합니다. **하느님**이 중요한 것이라고들, **우정**이 중요한 것이라고들 합니다. 그런데 기도가 정작 무엇인지는, 하느님이 정작 무엇인지는, 우정이 정작 무엇인지는 모르면서 우리는 그것들로 많은 것을 이루어 내었습니다. 그러나 잠시 후 우리는 싫증이 났습니다. 기도에, 하느님에, 우정에 싫증이 났습니다. 비감한 일 아닙니까? 그리고 벗어날 길이 없습니다. 도무지 탈출구라곤 없는 겁니다. 그것만이 우리에게 주어진, 행복해지기 위한 유일한 본보기인 겁니다. 어떤 다른 본보기도 주어지지 않은 겁니다. 우리의 문화는, 우리의 사회는, 그리고 말하기 안 됐습니다만 우리의 종교까지도 우리에게 다른 본보기를 제공하지는 않았습니다. 추기경으로 지명되셨군요. 얼마나 큰 영예입니까! 영예? 영예라고 했소? 틀린 말을 사용한 겁니다. 이제는 다른 사람들이 그걸 갈구하고 있는 겁니다. 복음서에서 "세상"이라고 부르는 것에 빠져 버리면 자기 영혼을 잃게 됩니다. 세상·권력·특전·승리·성공·영예 따위는 존재하지 않는 것들입니다. 세상을 얻지만 영혼을 잃는 겁니다. 여러분의 온 삶이 공허하고 얼빠진 삶이었습니다. 거기에는 아무것도 없습니다. 거기서 빠져나오는 길은 단 하나, 탈설계화입니다! 어떻게? 그 설계화를 자각함으로써. 의지의 노력으로는 여러분이 변할 수 없습니다. 이상들을 통해서는, 새로운 습관들을 들임으로써는 달라질 수 없습니다. 여러분의 행동은 변할지 모르지만 여러분이 달라지지는 않습니다. 오로지 자각과 이해로써만 여러분이 변할 수 있습니다. 돌멩이를 돌멩이로 보고 종잇조각을 종잇조각으로 볼 때는 그 돌멩이를 값비싼 다이아몬드라고 생각지 않고 그 종잇조각을 십억 달러짜리 수표라고 생각지 않게 됩니다. 그것을 **볼** 때 여러분은 변합니다. 그때는 자신을 바꾸려는 시도에 무리가 없어집니다. 그렇지 않으면 변화라고 부르는 것이 단지 가구를 옮겨 놓는 데 지나지 않는 셈입니다. 여러분의 행동은 변하지만 **여러분이** 달라지는 것은 아닙니다.

초연함

변화하는 유일한 길은 이해를 바꾸는 데 있습니다. 그런데 이해한다는 건 무슨 뜻일까요? 우리는 어떻게 이해에 착수할까요? 우리가 갖가지 집착들에 얼마나 예속되어 있는지 살펴보십시오. 이 애착들을 고수하기 위해 우리는 세상을 재정리하려고 분투 중입니다. 세상이 그것들을 끊임없이 위협하고 있으니까요. 친구가 나를 사랑하지 않게 될까 봐 내가 두려워합니다. 그이가 또는 그녀가 다른 사람에게로 돌아서지 말아야 할 텐데. 내가 이 다른 사람을 가져야 하기 때문에 계속해서 나 자신이 매력적이도록 해야지. 그이 또는 그녀의 사랑이 나에게 필요하다고 생각하도록 누군가가 나를 세뇌한 것입니다. 그러나 내가 실제로 그런 건 아닙니다. 나에게 다른 사람의 사랑이 필요한 게 아니죠. 현실과 접촉할 필요가 있을 따름이죠. 나의 이 감옥을, 이 설계화를, 이 조건화를, 이 그릇된 신념들을, 이 환상들을 부수고 나올 필요가 있는 겁니다. 탈출하여 현실 속으로 들어갈 필요가 있는 겁니다. 현실은 사랑스럽습니다. 한 절대적인 기쁨입니다. 영생은 지금입니다. 우리는 영생에 둘러싸여 있습니다. 물고기가 바다 속에 있는 것처럼. 그러나 우리는 그것을 전혀 의식하지 못하고 있습니다. 이 애착이 너무나 큰 방해가 되고 있는 겁니다. 일시적으로는 세상이 우리의 애착에 맞게 재배치되고 그래서 우리는 "야, 신난다! 우리 편이 이겼다!" 합니다. 그러나 기다려 보세요. 변할 겁니다. 내일이면 우울해질 겁니다. 왜 우리는 이런 일을 계속하고 있을까요?

잠시 이런 조그만 실습을 해 보십시오. 여러분이 애착하는 무언가 또는 누군가를 생각해 보십시오. 달리 말해서, 없다면 행복하지 않을 거라고 생각하는 그런 무엇이나 누구를 생각해 보십시오. 일·출세·직업·친구·돈 … 뭐든지 좋겠죠. 그런 다음 그 대상이나 그 사람에게 말해 보십시오. "내가 행복하기 위해 정말 네가 필요하지는 않아. 네가 없으면 내가 행복하지 않을 거라는 신념으로 내가 나 자신을 속이고 있을 뿐이야. 실은 내 행복을 위해 네가 필요치 않아. 너 없이도 나는 행복할 수 있어. 네가 나의 행복은 아니야. 네가 나의 기쁨은 아니야." 애착의 대상이 사람이면 이 말이 썩 기분 좋지 않겠지만 어쨌든 그렇게 말하십시오. 마음속으로 은밀히 말할 수도 있겠죠. 어느 경우든 여러분은 진실과 접촉하고 있을 것입니다. 환상을 깨뜨리고 있을 것입니다. 행복은 환상이 없는, 환상을 떨쳐 버린 상태입니다.

달리 실습해 볼 수도 있겠습니다. 비탄에 잠겨서 다시는 행복하지 않을 것이라고 생각했던 때를 상기해 보십시오 — 남편이 죽었다, 아내가 죽었다, 절친한 친구에게 버림받았다, 돈을 잃었다 등등. 무슨 일이 일어났습니까? 시간이 흘렀고 그래서 또 다른 애착을, 매력을 느끼는 다른 사람이나 다른 대상을 찾아내게 되었다면, 옛 애착은 어떻게 되었습니까? 행복하기 위해 정말 그게 필요했던 건 아니잖아요? 여기서 교훈을 얻어야 했던 겁니다. 그러나 우리는 그걸 배우는 일이 없는 겁니다. 우리는 설계되어 있습니다. 조건지어져 있습니다. 정서적으로 아무것에도 의지하지 않는다는 건 얼마나 홀가분한 일입니까. 단 일 초만이라도 그런 체험을 얻을 수 있다면 그때는 감옥을 부수고 문득 하늘을 보게 될 것입니다. 어느 날 어쩌면 날기까지 할 것입니다.

두려운 일이었지만 나는 하느님께 말씀드렸는데, 나는 하느님이 필요하지 않다고 말씀드렸습니다. 나의 첫 반응인즉 "이건 어느 모로 보나 내가 자라나며 배운 것과는 아주 반대되는 건데"였습니다. 그런데, 어떤 사람들은 하느님에 대한 애착만은 예외로 삼고 싶어 합니다. "하느님이 만일 내가 그분은 당연히 그런 분이라고 생각하는 그 하느님이라면 내가 그분에 대한 애착을 버릴 때 좋아하시지 않겠지!" 좋습니다, 그러나, 만일 여러분이 하느님을 얻지 못한다면 행복하지 않을 것이라고 생각한다면, 여러분이 생각하고 있는 이 "하느님"이란 진짜 하느님과는 아무 상관도 없는 겁니다. 꿈꾸는 상태를 생각하고 있는 겁니다. 개념을 생각하고 있는 겁니다. 하느님을 발견하기 위해서 때로는 "하느님"을 버려야 합니다. 수많은 신비가들이 우리에게 그것을 말해 주고 있습니다.

  우리는 매사에 의해 하도 눈이 멀어서 애착들이 관계들을 돕기보다는 오히려 해친다는 기본 진리를 발견하지 못했습니다. 절친한 내 친구에게 이런 말을 하자니 몹시 두려웠던 일이 기억납니다. "난 실상 자네가 필요한 건 아닐세. 자네가 없어도 난 완전히 행복할 수 있다네. 그리고 이렇게 말함으로써 난 자네와 함께 있기를 철저히 즐길 수 있다는 걸 발견한다네 — 인젠 불안도, 질투도, 집념도, 애착도 없거든. 애착이 없는 바탕 위에서 내가 자네를 좋아하고 있을 때 자네와 함께 있다는 게 기쁜 일이지. 자네는 자유야. 나도 그렇고." 그러나 틀림없이 여러분 중 많은 분들에게 이 말은 무슨 외국어처럼 들리겠죠. 내가 이것을 충분히 이해하는 데는 여러, 여러 달이 걸렸습니다. 아시다시피 난 예수회원이고 예수회의 영성 수련들은 모두 바로 이와 연관된 것인데, 그럼에도 나는 그 요지를 놓쳤던 겁니다. 우리 문화와 우리 사회 일반이 나의 애착들에 따라 사람들을 보도록 날 가르쳤기 때문이죠. 심리 치료사나 영적 지도자 같은 일견 객관적인 사람들까지도 누군가를 두고 "그 사람 대단한 친구야, 대단한 친구라구. 난 정말 그가 좋아"라고 말하는 걸 보면 썩 재미날 때가 더러 있습니다. 나중에 알고 보면 내가 누구를 좋아하는 건 그가 나를 좋아하기 때문이죠. 나 자신을 들여다보노라면 똑같은 고질이 새

삼 도지는 걸 발견하게 되죠. 인정과 찬사에 집착하면 사람들을 볼 때 그들이 그 집착을 위협하느냐 아니면 조장하느냐와 관련지어 보게 됩니다. 당선을 바라는 정치인이라면 사람들을 어떻게 바라보고 사람들에 대한 관심을 어떤 방향으로 나타낼까요? 자기에게 투표할 사람들에게 관심을 가지게 되겠죠. 섹스에 관심이 있는 사람이라면 남자나 여자를 어떻게 바라볼까요? 권력에 애착한다면 권력에 물든 색안경을 통해서 인간을 보게 되죠. 애착은 사랑의 능력을 파괴합니다. 무엇이 사랑입니까? 사랑은 감수성입니다. 깨어 있는 의식입니다. 한 예로, 교향곡을 들으면서 드럼 소리만 듣고 있다면 교향곡을 듣는 게 아니죠. 무엇이 사랑하는 마음입니까? 사랑하는 마음은 생명의 **전부**에, **모든** 사람들에게 민감합니다. 사랑하는 마음은 누구에게라도 혹은 무엇에 대해서라도 모질어지지 않습니다. 그러나 내가 말하는 이 사랑이라는 말에 집착하게 되는 순간 다른 많은 것들을 배제해 버리게 됩니다. 집착의 대상을 보는 눈만 있을 뿐, 드럼 소리를 듣는 귀만 있을 뿐, 마음은 모질어진 겁니다. 게다가 눈마저 멀게 되죠. 집착의 대상을 객관적으로 보지 못하게 되니까. 사랑에는 지각의 명료성이, 객관성이 따르는 법입니다. 사랑처럼 눈 밝은 것은 없습니다.

덤으로 주어지는 사랑

사랑 안에 머무는 마음은 부드럽고 민감합니다. 그러나 이러저러한 것을 기어이 **얻고자** 할 때는 가차없고 모질고 둔감해집니다. 필요하다는 사람들을 어떻게 사랑할 수 있어요? 이용할 수 있을 뿐이죠. 내가 행복해지기 위해 네가 필요하다면 나는 너를 이용할 수밖에, 조종할 수밖에, 설득할 방법과 수단을 찾을 수밖에요. 너를 자유롭게 둘 수는 없는 겁니다. 내 삶에서 사람들을 비웠을 때만 사람들을 사랑할 수 있습니다. 사람들이 필요하다는 일에 내가 죽을 때 나는 바로 사막에 있습니다. 처음에는 두렵고 외롭게 느껴지지만, 한동안 감당할 수 있다면 문득 전혀 외롭지 않다는 걸 발견하게 됩니다. 고독, 외로움, 그러고는 그 사막이 꽃을 피우기 시작하고, 마침내 사랑이 무엇인지, 하느님이 무엇인지, 현실이 무엇인지 알게 됩니다. 그러나 매우 예민한 이해력이 없거나 충분히 고통을 겪지 않았다면 처음에는 끈질긴 중독에서 벗어나기가 난감할 수도 있습니다. 고통을 겪었다는 건 훌륭한 일입니다. 그때서야 지겨워질 수 있고, 고통을 이용해서 고통을 끝낼 수 있죠. 대부분의 사람들은 그저 줄곧 괴로워할 뿐이죠. 이로써 내가 영적 지도자 역할과 심리 치료사 역할 사이에서 종종 겪는 갈등이 설명됩니다. 심리 치료사는 "고통을 완화해 주자". 영적 지도자는 "괴로워하게 내버려 두어라, 그러면 이런 식의 인간관계들에 지겨워지고 마침내는 남들에 대한 정서적 의존이라는 이 감옥을 부수고 나오기로 결심하겠지". 진통제를 줄까, 아니면 암을 제거할까? 그걸 결정하기란 쉬운 일이 아니죠.

어떤 사람이 넌더리가 나서 책을 내동댕이칩니다. 계속 그러도록 내버려 두십시오. 대신 집어 올려 주면서 괜찮다고 말하지 마십시오. 영성은 깨달음, 깨달음, 깨달음, 깨달음, 깨달음, 깨달음입니다. 어머니가 화가 났습니다. "내가 아니고 **너**에게 잘못이 있어. 그렇지 않다면 내가 화가 나지 않았지." 글쎄요, 난 중대한 발견을 했어요, 어머니. **어머니**가 화가 났다면, **어머니**에게 잘못이 있는 거예요. 그러니 어머니는 **어머니**의 화를 다스리시는 게 좋겠죠. 그걸 놓고 거기에 대처하세요. 그건 내 것이 아녜요. 내게 잘못이 있는지 없는지는 내가 어머니의 화하고는 관계없이 살필께요. 난 어머니의 화에 영향을 받지는 않겠어요.

재미있는 건 내가 다른 사람에 대한 부정적 감정 없이 이렇게 할 수 있을 때 나 자신에 대해서도 썩 객관적일 수 있다는 겁니다. 매우 깨달은 사람만이 죄책과 분노를 꼬집어내기를 거부하면서 이렇게 말할 수 있습니다. "자네 성났군. 안됐네. 난 자넬 구해 주고 싶은 기분이 조금도 없고, 죄책을 느끼기도 거부하네." 내가 행한 무엇 때문에도 나 자신을 미워하지 않으리라. 죄책감이란 자기를 미워하는 것이지. 나 자신에게 나쁜 감정을 주면서 **옳았든 글렀든** 내가 행한 것 때문에 나 자신을 채찍질하지는 않으리라. 나는 그것을 분석할, 살펴볼 준비가 되어 있다. "그래, 내가 잘못했다면 깨닫지 못해서 그랬던 것이지." 아무도 **깨달음 속에서는** 잘못을 하지 않습니다. 신학자들이 예수는 어떤 잘못도 하실 수 없었다고 매우 아름답게 말해 주는 이유가 거기 있습니다. 매우 이치에 맞는 말이라고 생각합니다. 깨달은 사람은 아무런 잘못도 할 수가 없으니까요. 깨달은 사람은 자유롭습니다. 예수는 자유로웠고, 자유로웠기에 아무 잘못도 하실 수 없었습니다. 그러나 여러분은 잘못을 **할 수** 있기에 자유롭지 않습니다.

말, 말, 말

마크 트웨인이 아주 멋지게 표현했죠. "하도 추워서 온도계가 일 인치만 더 길었더라도 우린 얼어 죽었을 거야." 말에 우리가 얼어 죽는 거죠. 바깥 추위가 아니라 온도계가 중요한 거죠. 현실이 아니라 현실에 대해 자신에게 하고 있는 말이 중요한 거죠. 핀란드의 한 농부에 관한 멋진 이야기를 들은 적이 있습니다. 러시아-핀란드 국경선을 긋게 되었을 때 그 농부는 러시아에 살지 핀란드에 살지 결정을 해야 했습니다. 한참 후에 그는 핀란드에서 살고 싶다고 말했는데, 그러나 러시아 관리들의 기분을 건드리고 싶지는 않았습니다. 이 관리들이 와서 왜 핀란드에서 살고 싶으냐고 묻자 그 농부는 대답했죠. "언제나 모국 러시아에 살고 싶긴 했지만 이 나이가 되고 보니 또다시 러시아의 겨울을 견뎌 낼 수 있을 것 같지 않군요."

러시아와 핀란드란 말이요 개념일 뿐, 인간들, 미친 인간들에 해당하는 게 아닙니다. 우리는 현실을 보고 있는 일이 거의 없습니다. 한번은 한 구루가 군중들에게, 사람들이 말에 어떻게 반응하는지, 어떻게 현실보다는 말에 의지해 사는지를 설명해 주려고 애를 쓰고 있었습니다. 그런데 한 남자가 일어나더니 항의했습니다. "난 말이 우리에게 그처럼 큰 영향을 끼친다는 데 찬동하지 않습니다." 구루가 말했습니다. "앉아, 이 개자식아." 그 사람은 노발대발했습니다. "자칭 깨달은 자, 구루, 스승이라면서 그런 소릴 하다니, 부끄러운 줄 아시오!" 그러자 구루가 말했습니다. "용서하십시오. 내가 정신이 나갔습니다. 진정으로 용서를 빕니다. 실수했습니다. 죄송합니다." 그 사람은 마침내 잠잠해졌습니다. 그때 구루가 말했습니다. "단 몇 마디 말이 당신 속을 벌컥 뒤집어 놓았고, 단 몇 마디 말이 당신을 진정시켰잖아요?" 말, 말, 말, 말, 제대로 쓰지 않으면 얼마나 사람을 옭아매는 게 말들입니까.

자각 못한 사실

지식과 깨달음, 정보와 깨달음 사이에는 차이가 있습니다. 방금 말했거니와, 깨달은 상태에서는 악을 행할 수 없습니다. 그러나 지식이나 정보를 가지고서, 나쁜 일인 걸 **알면서** 악을 행할 수 있습니다. "아버지, 저 사람들을 용서하소서. 사실 그들은 무슨 짓을 하는지 알지 못하옵니다." 나라면 이 말씀을 "그들은 무슨 짓을 하는지 **깨닫지** 못하옵니다"로 옮기겠습니다. 바울로는 자기가 그리스도의 교회를 박해했기 때문에 가장 큰 죄인이라고 말합니다. 그러나 깨닫지 못하고 그렇게 했다고 덧붙입니다. 주님을 십자가에 못 박고 있다는 걸 깨달았다면 사람들이 그렇게 했을 리가 없죠. "여러분을 죽이는 자들이 모두 (그런 일로) 하느님께 예배를 드린다고 **생각할** 때가 옵니다." 사람들은 깨닫지 못하고 있습니다. 정보와 지식에 사로잡혀 있습니다. 토마스 아퀴나스는 이것을 멋지게 표현했습니다. "죄를 지을 때마다 사람들은 선을 가장하여 죄를 짓고 있다." 사람들은 스스로 눈을 가리고 있습니다. 나쁜 줄 아는 것마저 좋게 보고 있습니다. 선을 핑계 삼아 무언가를 추구하고 있기 때문에 합리화하고 있습니다.

한 여자분이 깨달음에 이르기가 어렵더라는 두 가지 상황을 이야기해 주더군요. 그녀는 서비스 업체에 있었는데, 많은 사람들이 줄줄이 늘어서 있었고 여러 대의 전화가 계속 울려 대는 데서 혼자 일하고 있었습니다. 초조하고 화난 사람들이 하도 많아 심란해져서 평온과 고요를 유지하기가 몹시 힘들더라는 겁니다. 또 다른 상황은 경적을 울리면서 차량들이 붐비는 속에서 차를 몰고 있는데 사람들이 욕설을 질러 대는 경우라고 했습니다. 그런 때에도 결국은 곤두선 신경을 가라앉히고 평화로운 마음을 유지할 수 있겠느냐고 묻더군요.

여기서 집착을 찾아내셨나요? 평화. 평화와 고요에 대한 집착. "평화롭지 않으면 행복하지 않다"고 말하고 있었던 겁니다. **긴장 속에서도** 행복할 수 있는 일을 겪어 보셨나요? 깨치기 전에는 우울하곤 하더니, 깨친 후에도 계속 우울하구나. 긴장 해소와 민감성을 목표로 삼지 말 일입니다. 긴장을 풀려고 긴장하는 사람들 이야기를 들어 보셨나요? 긴장되면 단순히 긴장을 관찰할 일입니다. 자신을 변화시키려고 한다면 자신을 이해하지 못하는 법입니다. 변화시키려고 애를 쓸수록 사태는 더욱 악화되죠. 요구되는 건 깨닫는 겁니다. 울려 대는 전화를, 곤두서는 신경을, 자동차 안에서 핸들을 돌리는 운전을 그대로 느끼십시오. 달리 말해서, **현실**에 도달하고 긴장이나 고요는 그대로 내버려 두십시오. 사실은, 현실과 접촉하기에 미리 너무 골몰해 있겠기에 그것들을 내버려 두어야겠다는 겁니다. 차근차근 나아가야죠. 무슨 일이 일어나든 내버려 두십시오. 진짜 변화는 올 때가 되면 오겠죠. "에고"에 의해서가 아니라 현실에 의해서 이루어지겠죠. 깨달음이 현실을 풀어놓아 사람을 변화시키는 겁니다.

깨달음으로 변화가 일어나지만 그것은 체험해야 할 일입니다. 이 점에서 여러분은 단지 나의 말을 듣고 있을 뿐입니다. 아마 깨닫기 위한 설계도 있겠죠. 여러분의 "에고"가 교활한 방법으로 여러분을 깨달음 속으로 밀어 넣으려 하겠죠. 주시하십시오! 저항에 부딪칠 것입니다. 어려움이 있을 것입니다. 깨달음에 늘 마음 쓰고 있는 사람에게서는 가벼운 불안을 엿볼 수 있습니다. 깨어나고 싶어 하고 정말 깨어났는지 알아내고 싶어 하죠. 그것은 **수행**에 속하는 것이지 깨달음은 아닙니다. 우리가 목표를 성취하도록, 어딘가에 도달하도록 훈련받은 문화에서는 이상한 소리가 되겠지만, 실상 여러분은 이미 그곳에 있기 때문에 갈 곳이란 없습니다. 일본 사람들의 멋진 표현이 있죠. "가다가 멈추는 날 이미 당도해 있으리라." 이런 자세라야 합니다. "나는 깨닫고 싶다. 무엇이든 있는 그대로 상대하고 일어나는 그대로 두고 싶다. 내가 깨어난다면, 좋지. 잠들어 있다면, 좋지." 목표로 삼아 **얻고자** 하는 순간, "에고"의 영예, "에고"의 진취를 추구하고 있는 겁니다. **이루었다**는 흐뭇함을 원하는 겁니다. 정작 "이루었을" 때는 모르는 법입니다. 왼손은 오른손이 하는 일을 모르는 법입니다. "주님, 저희가 언제 이 일을 했습니까? 우리는 전혀 깨닫지 못했습니다." 자비를 베푼다는 의식을 잃었을 때만큼 자비가 아름다운 때는 없습니다. "도와 드렸다고요? 내가 좋아서 한 일인 걸요. 그저 내 춤을 추고 있었죠. 도움을 받으셨다니 거 참 잘 됐네요. 축하드려요. 내 공덕은 아녜요."

득달할 때는, 깨달을 때는 점점 "깨어났다"니 "잠들어 있다"니 하는 딱지에는 마음 쓰지 않게 됩니다. 지금 여기서 나의 어려운 일들 가운데 하나는 여러분의 영적 탐욕이 아닌 여러분의 호기심을 자극하는 일입니다. 깨어납시다, 참 좋을 것입니다. 얼마 후면 그건 중요하지 않습니다. 살고 있기 때문에 깨달아 있는 겁니다. 깨닫지 않은 삶은 살 가치가 없습니다. 그리고 삶 자체를 돌보느라 고통만 남기게 됩니다.

무저항

변하려고 할수록 더 악화될 수 있습니다. 이 말은 어느 정도 수동성이 좋다는 뜻일까요? 그렇습니다. 무엇에 저항할수록 그것에 더 큰 힘을 줍니다. "누가 오른쪽 뺨을 때리거든 왼쪽 뺨마저 내주시오"라는 예수의 말씀도 그런 의미라고 생각합니다. 악령들에게 대적하는 것은 으레 힘을 주는 것입니다. 이것은 매우 동양적인 사고죠. 원수와 함께 흐른다면 원수를 극복합니다. 악에 어떻게 대처할까요? 악과 싸울 게 아니라 악을 이해할 일입니다. 이해 속에서 악은 사라집니다. 어둠에 어떻게 대처할까요? 주먹으로는 안 되죠. 비로 어둠을 방에서 쓸어 내지는 못하죠. 불을 켜야죠. 어둠과 싸울수록 어둠은 더욱 현실적이 되고 여러분 자신은 더욱 기진하게 됩니다. 그러나 깨달음의 불을 켤 때 어둠은 사그라집니다. 이 종잇조각이 십억 달러짜리 수표라고 합시다. 아, 단념해야지, 복음 말씀대로 영생을 얻고자 한다면 포기해야지. 한 탐욕 — 영적 탐욕 — 을 다른 탐욕에 대치하렵니까? 전에는 세속적 "에고"를 가졌다가 지금은 영적 "에고"를 가지게 되지만 "에고"이기는 마찬가지. 더 세련되고 더 대처하기가 어려운 "에고"죠. 무엇을 포기할 때 그것에 매입니다. 그러나 포기하는 대신 관찰하고 "이건 십억 달러짜리 수표가 아니야, 종잇조각이야"라고 말하면 싸울 것도, 포기할 것도 없는 겁니다.

위험한 것들

우리나라에서는 많은 남자들이 여자들은 가축이라는 신념을 가지고 자랍니다. "난 그녀와 결혼했어. 그녀는 내 소유야." 이런 사람들은 비난받아야 할까요? 충격받을 준비들 하십시오. 그렇지 않습니다. 많은 미국인들이 러시아인들을 보는 시각 때문에 비난받지는 않는 것과 같습니다. 사실 선입견의 색안경들을 끼고서 세상을 보고 있죠. 현실을 직시하도록, 색안경을 낀 채 세상을 바라보고 있다는 걸 자각하도록 하기 위해서는 무엇이 필요할까요? 기본적인 편견을 직시하기까지는 구제 방법이란 없습니다.

한 이데올로기를 통해 세상을 보자마자 끝장납니다. 어떤 현실도 이데올로기와는 맞지 않습니다. 삶은 이데올로기를 초월합니다. 사람들이 항상 삶의 의미를 찾고 있는 이유가 그것입니다. 그런데도 삶은 아무 의미가 없죠. 삶이 한 공식, 정신에만 의미 있는 공식이 되어 있으니, 정작 삶이 의미가 있을 리는 없는 겁니다. 현실에서 의미를 느낄 때마다 그 의미를 파괴하는 것과 부딪치는 겁니다. 의미는 의미를 초월할 때만 발견됩니다. 삶은 신비로 지각될 때만 의미가 있고, 개념화하는 지성에는 의미가 없는 겁니다.

숭배가 중요하지 않다는 말은 아니지만 나는 의문이 숭배보다 무한히 더 중요하다고 분명히 말합니다. 어디서나 사람들은 숭배할 대상을 찾고 있습니다. 그러나 자기네 태도와 확신에 충분히 깨어 있는 사람들이 보이지 않습니다. 테러 분자들이 이데올로기를 덜 숭배하고 좀 더 의문을 가진다면 얼마나 좋을까요. 아무튼, 우리는 그런 생각을 우리 자신에게도 적용하기를 좋아하지 않습니다. 우리가 옳고 테러 분자들은 틀렸다고 생각합니다. 하지만 테러 분자도 한편으로는 순교자인 겁니다.

외로움은 사람들을 그리워하는 것이고 홀로 있음은 자신을 즐기는 것입니다. 조지 버나드 쇼의 꼬집는 익살을 상기하십시오. 들을 말이라곤 없는 어느 답답한 칵테일파티에서 누군가가 자신을 즐기고 있느냐고 묻자 그는 대답했죠. "그게 내가 여기서 즐기고 있는 유일한 것이오." 다른 사람들에게 예속되어 있을 때는 그들을 즐기는 일이 없습니다. 공동체란 일단의 노예들이 아닙니다. 다른 사람들이 자기들을 행복하게 해 주기를 요구하는 그런 사람들이 공동체를 이루는 게 아니죠. 공동체는 황제들과 황후들이 이루죠. 공동체의 일원은 황제요 황후지 거지가 아니죠. 참 공동체에는 동냥 그릇이란 없습니다. 애착도, 불안도, 두려움도, 거리낌도, 집념도, 요구도 없습니다. 노예 아닌 자유인들이 공동체를 이룹니다. 그러나 이처럼 단순한 진리가 종교 문화를 포함한 모든 문화에 의해 억눌려 왔습니다. 종교 문화는 경계하지 않으면 매우 교묘한 조종술이 될 수 있는 겁니다.

어떤 사람들은 깨달음이 순간마다를 있는 그대로 체험하는 일을 **넘어선** 어떤 높은 지점, 한 고원이라고 봅니다. 깨달음을 목표로 삼는 거죠. 그러나 참 깨달음으로는 갈 곳이 없습니다. 이룰 것이 없습니다. 어떻게 이런 깨달음을 얻을까요? 깨달음을 통해섭니다. 사람들이 순간마다를 체험하기를 진실로 원한다고 말할 때, 그 "원한다"는 말만 없다면 진실로 깨달음을 말하고 있는 셈입니다. 깨달음의 체험은 소원이 아닙니다. 체험하거나 아니면 못하는 겁니다.

얼마 전에 한 친구가 아일랜드로 갔는데, 자기는 미국 시민이지만 아일랜드 시민권도 있고 미국 여권으로 여행하는 건 위험하니까 아일랜드 여권을 얻겠다더군요. 테러 분자들이 "여권 좀 봅시다" 하면 "난 아일랜드인이오" 하겠다는 거죠. 그러나 비행기에서 그의 옆에 앉는 사람들은 그런 딱지를 보고 싶지 않죠. **이** 사람 자신을 실제로 있는 그대로 맛보고 체험하고 싶죠. 얼마나 많은 사람들이 음식은 먹지 않고 차림표만 먹으면서 삶을 허송하고 있습니까? 차림표는 정작 소용되는 것의 표시에 불과합니다. 여러분은 차림표의 말이 아니라 스테이크를 먹길 원할 일입니다.

나의 죽음

비극을 체험하지 않고 충분히 인간다울 수 있을까요? 세상의 유일한 비극은 무지입니다. 모든 악이 거기서 나옵니다. 세상의 유일한 비극은 깨어나지 못함과 깨닫지 못함입니다. 거기서 두려움이 나오고 두려움에서 다른 모든 것이 나오지만, 죽음은 결코 비극이 아닙니다. 죽는다는 건 멋진 일이죠. 삶을 이해한 적 없는 사람들만 무서워합니다. 삶을 두려워할 때만 죽음이 두렵습니다. 죽은 사람들만 죽음을 두려워합니다. 산 사람은 죽음을 두려워하지 않습니다. 한 미국 작가가 잘 말했더군요. 깨어남이란 불의와 비극에 대한 믿음이 죽는 것이라고. 애벌레에게 세상 종말이 사람에게는 나비인 겁니다. 죽음은 부활입니다. 장차 있을 부활이 아니라 바로 지금 일어나고 있는 부활 말입니다. 과거에 죽겠다면, 순간마다 죽겠다면 충만히 살아 있는 사람이 됩니다. 충만히 살아 있는 사람이란 죽음이 충만한 사람이기 때문입니다. 항상 사물들에 죽고 있는 겁니다. 순간마다 충만히 살아 있고 부활하기 위해 항상 모든 것을 벗어 버리고 있는 겁니다. 신비가·성인 들은 사람들을 깨우려고 노력합니다. 깨어나지 않으면 굶주림·전쟁·폭력과 같은 다른 작은 악들을 겪게 될 겁니다. 가장 큰 악은 자고 있는 사람들, 무지한 사람들입니다.

  한번은 한 예수회원이 아루뻬 총장 신부에게 편지를 적어 공산주의와 사회주의와 자본주의의 상대적 가치에 대해 물었는데, 멋진 회답이 왔습니다. "체제란 그것을 이용하는 사람들만큼 좋거나 나쁜 것입니다." 고귀한 마음을 가진 사람들이라면 자본주의나 공산주의나 사회주의의 과업을 아름답게 만들겠죠.

세상더러 변하라고 요구하지 마십시오. 여러분이 먼저 변하십시오. 그러면 세상에 대한 충분히 훌륭한 안목을 가지게 되어 변해야 한다고 생각하는 무엇이든 변화시킬 수 있을 것입니다. 자신의 눈에서 장애물을 제거하십시오. 그러지 않는 사람은 무엇이든 변화시킬 권리를 잃은 사람입니다. 자신을 깨닫기까지는 다른 누구나 세계에 간섭할 권리가 없습니다. 그런데, 자신을 깨닫지 못하고서 남들이나 사물들을 변화시키려는 것은, 자신의 편의와 자존심과 독단적 확신과 신념들을 위해 사물들을 변화시키고 있거나, 또는 그저 부정적 감정들을 풀어놓는 데 지나지 않을 위험이 있습니다. 내가 싫으니 내가 좋게 느끼도록 네가 변하는 게 낫겠다는 식이죠. 먼저 부정적 감정들에 대처하고, 그래서 다른 사람들을 변화시키러 나아갈 때 그것이 증오나 부정적 자세가 아닌 사랑에서 나올 수 있도록 하십시오. 이상하게 보이기도 하지만, 사람들이란 남들에게 대단히 쌀쌀하면서 또한 매우 따뜻할 수도 있습니다. 외과 의사가 환자에게 냉정하면서도 환자를 사랑할 수 있습니다. 참으로 사랑은 매우 모질 수도 있습니다.

통찰과 이해

그런데 자기 변화에 반드시 따라 나오는 것이 무엇입니까? 이미 여러 말로 거듭 되풀이했지만, 이제 작은 갈래로 쪼개 보겠습니다. 첫째, 통찰입니다. 노력하는 것, 갈고닦는 것, 이상을 가지는 것이 아닙니다. 이상들은 많은 해를 끼칩니다. 존재가 아니라 당위에 늘 초점을 맞추고 있는 겁니다. 그래서 현실이 어떠해야 한다고 요구하지 현실이 어떠한지 이해한 적이 없는 겁니다. 나 자신의 상담 경험에서 통찰의 한 예를 제시하죠. 한 사제가 와서 자기는 게으르다고 말합니다. 더 부지런히 활동하고 싶지만 게으르다는 겁니다. 나는 "게으르다"는 게 무슨 뜻이냐고 묻습니다. 옛날 같으면 이렇게 말했겠죠. "매일 하고 싶은 일들의 목록을 만들어 놓고는 매일 밤 확인해 보시죠. 그러면 기분이 좋아질 겁니다. 그런 식으로 습관 들이세요." 혹은 이렇게 물었을지도 모르죠. "신부님이 이상으로 삼는 분, 신부님의 수호성인이 누굽니까?" 그리고 그가 성 프란치스코 사베리오라고 말한다면 나는 말하겠죠. "사베리오 성인이 얼마나 많은 일을 했는지 보십시오. 그분에 대해 묵상하셔야 합니다. 그러면 힘이 나실 겁니다." 그것도 한 방법이긴 하지만 유감스럽게도 피상적입니다. 의지력을 사용하여 노력하는 건 별로 오래가지 않죠. 행동은 변해도 사람은 그대로거든요. 그래서 이제 나는 다른 방향으로 나아갑니다. "게으름, 그게 뭔데요? 게으름도 무수한 형태가 있죠.

신부님의 게으름은 어떤 형태인지 들어 봅시다. **신부님**이 말하는 게으름이란 무엇인지 설명해 보십시오." "글쎄요, 난 무슨 일이든지 해낸 적이 없어요. 아무 일도 하고 싶지가 않아요." "바로 아침에 일어나는 순간부터 그렇다는 말입니까?" "그래요, 아침에 잠이 깨어 봐야 일어나 할 만한 일이다 싶은 게 없어요." "우울하신가요, 그럼?" "그렇게 말할 수 있겠죠. 일종의 위축감이랄까." "늘 그랬습니까?" "뭐, 늘 그랬던 건 아니고, 젊을 적엔 더 활동적이었죠. 신학생 때는 생동감이 넘쳤고요." "그럼 이런 일이 시작된 건 언제죠?" "아, 서너 해 전이죠." 그때 무슨 일이 있었느냐고 내가 묻습니다. 그는 한참 생각을 합니다. "그렇게 오래 생각해야 할 정도라면 사년 전에는 썩 특별한 일이 없었다고 할 수도 있겠군요. 그 전해에는 어땠나요?" "아, 그해에 서품을 받았죠." "서품받던 해에 무슨 일이 있었나요?" "한 가지 작은 일이 있었어요. 마지막 신학 시험인데, 낙방했죠. 좀 실망했지만 극복했어요. 주교님은 날 로마로 보냈다가 나중에 신학교에서 가르치게 할 계획이셨고 나도 솔깃했더랬는데, 시험에 낙방하는 바람에 주교님은 맘을 바꿔 날 이 본당으로 보내셨죠. 사실 그건 좀 부당했어요, 왜냐하면 …." 바야흐로 그는 화가 납니다. 거기 극복하지 못했던 분노가 있는 겁니다. 그 좌절감을 돌파해야 하는 겁니다. 그에게 설교를 늘어놓는 건 쓸데없는 일, 무슨 아이디어를 제시하는 건 부질없는 짓이죠. 분노와 좌절을 직면하게 하고 그 모든 것에 대한 어떤 통찰을 얻게 해야 하는 겁니다. 그걸 돌파할 수 있을 때 그는 다시 삶으로 돌아오는 겁니다. 내가 훈계를 하며 결혼한 그의 본당 형제자매들이 얼마나 열심히 일하고 있는지 이야기했다면 죄책감만 느끼게 했겠죠. 자신을 치유할 자기 통찰, 이것이 첫째로 할 일입니다.

또 하나 큰 과제가 있는데, 이해입니다. 그렇게 되면 행복하리라고 정말 그렇게 생각했어요? 그저 그러리라고 추측했을 뿐이죠. 왜 신학교에서 가르치고 싶었나요? 행복해지고 싶어서였죠. 교수가 되어 어떤 지위와 특전을 가지는 게 행복한 일일 거라고 당신은 생각했죠. 그럴까요? 거기에 이해가 요구되는 겁니다.

"나"와 "내 것"을 구분함으로써, 일어나고 있는 일과 동일화하지 않는 것은 큰 도움이 됩니다. 이런 일의 한 예를 들죠. 어떤 젊은 예수회 신부가 날 찾아왔는데, 멋지고, 비범하고, 재주 있고, 유능하고, 매력 있고, 사랑스런, 온갖 걸 갖춘 사람이었습니다. 그런데 이상하게 꼬인 데가 있었습니다. 고용인들에게는 공포의 대상이었어요. 심지어 폭행까지 한 걸로 알려졌고, 그게 거의 형사 문제가 될 뻔했죠. 정원 일이나 학교 일이나 무슨 책임을 맡게 되든 이런 문제는 계속 따라다녔습니다. 그는 우리 예수회의 "삼십 일 피정"을 하면서, 보잘것없는 사람들에 대한 예수의 사랑과 인내심 등등 매일 묵상을 했습니다. 그러나 나는 그게 효과가 없으리라는 걸 알았죠. 어쨌든 그는 피정에서 돌아왔는데, 서너 달 동안은 전보다 낫더니 (우리는 대부분의 피정을 성부와 성자와 성령의 이름으로 시작해서 처음과 같이 이제와 항상 영원히 아멘으로 끝낸다고 누군가가 말했죠) 그 후에는 똑같은 모난 사람으로 되돌아왔습니다. 그래서 날 만나러 왔던 겁니다. 나는 마침 매우 바쁘던 때라 그가 인도의 다른 도시에서 왔는데도 만나 줄 수가 없었습니다. "난 저녁 산책을 하려는 참인데, 함께 산책을 하시겠다면 그건 좋지만 달리는 시간이 없군요." 그래서 우리는 산책을 나갔습니다. 전에 이미 알고 있던 사람인데 함께 산책을 하면서 나는 이상한 느낌을 받았습니다. 이상한 느낌을 받으면 보통 나는 물어보고 확인을 하죠. "무언가를 내게 감추시는 것 같은 이상한 느낌이 드는군요, 그렇습니까?" 그는 화를 냈습니다. "뭐라구요, 감춘다고요? 내가 무언가를 감추기 위해서 이 먼 데까지 와서 시간을 내어 달라고 부탁하는 줄로 생각한단 말입니까?" "뭐, 그저 이상한 느낌이 들어서 그랬을 뿐입니다. 확인해 봐야겠다고 생각했죠." 우린 계속 걸었습니다. 내가 사는 데서 멀지 않은 곳에 호수가 있죠. 난 그때 광경이 선명히 기억납니다. 그가 말했습니다. "어디 좀 앉을까요?" "좋지요." 우리는 호수 둘레의 얕은

담 위에 걸터앉았습니다. "맞습니다, 난 숨기고 있는 게 있어요" 하면서 그는 울음을 터뜨렸습니다. "예수회원이 된 이후로 아무에게도 말하지 않았던 걸 말씀드리죠. 아주 어릴 적에 아버지가 돌아가시고 어머니는 하녀가 되었어요. 어머니가 하는 일은 화장실과 욕실 청소였는데, 우리를 먹여 살리자니 때로는 하루에 열여섯 시간 동안도 일을 했어요. 난 그게 하도 수치스러워서 누구에게나 그걸 감추어 왔고, 이치에 맞지 않게도 그 화풀이를 어머니와 모든 하인 신분의 사람들에게 계속해 왔어요." 내가 받았던 느낌은 달라졌습니다. 아무도 이 매력적인 남자가 왜 그런 짓을 하는지 짐작도 못했지만, 그가 그것을 본 순간 다시는 어떤 문제도 없었습니다, 다시는. 그는 훌륭했습니다.

밀어붙이지 말라

예수의 행동을 묵상하고 외적으로 본받는 것은 도움이 되지 않습니다. 문제는 예수를 본받는 것이 아니라 예수 같은 사람이 되는 일입니다. 그리스도가 되는, 깨닫는, 자기 안에 일어나는 것을 이해하는 일입니다. 자기 변화를 위해 우리가 사용하는 그 밖의 모든 방법은 자동차를 미는 것에 비할 수 있겠습니다.

 어느 먼 도시로 여행을 해야 한다고 합시다. 도중에 차가 고장이 납니다. 차가 고장이 나다니 딱한 노릇이죠. 그래서 우리는 소매를 걷어 올리고 차를 밀기 시작합니다. 밀고, 밀고, 또 밀고, 마침내 그 먼 도시에 도착할 때까지 밉니다. "야, 다 왔구나!" 그러고 나서는 그 차를 또 다른 도시까지 줄곧 또 밀고 갑니다! "자, 다 왔잖아?" 하지만 이런 게 삶이라고요? 무엇이 필요한지 아시죠? 전문가가 필요하죠. 보닛을 열고 점화 플러그를 바꿔 끼울 기술자가 필요하죠. 그러고 나서 시동을 걸면 차가 움직이죠. 전문가가 필요하지 — 이해, 통찰, 깨달음이 필요하지 — 밀 필요는 없는 겁니다. 노력이 필요한 게 아닙니다. 바로 그 때문에 사람들이 그처럼 피로하고 그처럼 지치는 겁니다. 여러분이나 나 그렇게 훈련을 받아서 우리 자신에 대해 불만을 품는 데 이골이 나 있습니다. 바로 거기서 심리적으로 모든 악이 나오는 겁니다. 우리는 언제나 불만스럽습니다. 언제나 미흡합니다. 언제나 밀어붙입니다. 계속해, 더 노력해, 좀 더 또 좀 더. 그러나 그래서는 언제나 내면에 갈등이 있는 겁니다. 이해는 매우 조금밖에 없는 겁니다.

현실 자각

내 일생의 경사스런 날이 인도에서 있었습니다. 진실로 소중한 날이었는데, 바로 내가 서품받은 다음 날이었습니다. 나는 고해실에 앉아 있었습니다.

우리 본당에 매우 거룩한 예수회원 사제 한 분이 계셨는데, 내가 예수회 수련원으로 오기 전에 이미 알고 있던 스페인 사람이었죠. 수련원으로 떠나기 전날, 나는 수련원에 가서는 수련장님께 아무것도 이야기하지 않아도 되도록 마음을 깨끗이 정리하는 게 좋겠다고 생각했습니다. 이 노인 신부님의 고해실 앞에는 많은 사람들이 줄을 서곤 했는데, 신부님은 보라색 손수건으로 눈을 가린 채 웅얼웅얼 보속을 주고는 사람들을 내보내곤 하셨죠. 단 두 차례 만났을 뿐인데도 그분은 나를 앤소니라고 부르셨습니다. 어쨌든 나도 줄을 섰는데, 내 차례가 오자 나는 고백을 하면서 목소리를 바꾸려고 애를 썼습니다. 그런데 고백을 인내심 있게 듣고는 보속을 주고 죄를 사해 준 다음 그분은 말씀하시더군요. "앤소니, 수련원엔 언제 가지?"

자, 아무튼, 나는 서품받은 다음 날 이 본당으로 왔습니다. 그런데 노인 신부님이 내게 말씀하셨어요. "고백성사를 주겠나?" "그러죠." "내 고해실에 가서 앉게." 나는 생각했습니다. "이런, 내가 거룩한 사람이로군. 그분 고해실에 앉다니." 나는 세 시간 동안 고백을 들었습니다. 성지 주일이라 부활 판공성사를 보려는 사람들로 붐볐죠.

나는 우울해져서 나왔는데, 들은 고백 때문은 아니었습니다. 나도 이미 예상했던 것이고 어느 정도는 나 자신의 마음속에서 일어나고 있던 일의 반향이었으니까요. 어떤 고백에도 충격받지는 않았습니다. 무엇이 나를 우울하게 했는지 아십니까? 내가 상투적인 경건한 말 몇 마디밖에는 해 주지 않고 있다는 자각이었습니다. "성모님께 기도하십시오, 그분은 당신을 사랑하십니다." "하느님께서 당신과 함께 계심을 기억하십시오." 이런 경건한 상투어들이 암을 조금이라도 치유할까? 내가 다루고 있는 이것이야말로, 깨달음과 현실의 결핍이야말로 암인 것이다. 그래서 그날 나는 스스로 굳게 맹세했습니다. "배우리라, 배우리라, 그래서 일이 끝날 때면 '신부님이 해 주신 말씀은 절대로 옳지만 전혀 소용이 없습니다'라는 말이 나에게 해당되지는 않도록 하리라."

깨달음, 통찰. 전문가가 되려고 — 여러분은 곧 전문가가 되겠죠 — 심리학 과정을 이수할 필요는 없습니다. 자신을 관찰하기 시작할 때, 자신을 살펴보기 시작할 때, 저 부정적인 감정들을 끄집어내기 시작할 때, 자기 나름으로 그것을 설명할 길을 발견하게 될 것입니다. 그리고 변화를 알아차릴 것입니다. 그러나 그때는 덩치 큰 악당을 다루어야 할 것인데, 그 악당은 자기 비난, 자기 혐오, 자기 불만입니다.

적절한 표상들

변화에는 노력이 필요 없다는 데 대해 좀 더 이야기해 봅시다. 나는 적절한 표상을 하나 생각해 보았는데, 돛단배가 그것입니다. 돛단배가 항해 중에 힘찬 바람을 만나면 하도 매끄럽게 미끄러져서 뱃사람은 키를 돌리는 것 말고 할 일이 없습니다. 아무 수고도 않죠. 배를 저어 밀지 않죠. 그것은 깨달음을 통해서, 이해를 통해서 변화가 올 때 일어나는 일의 한 표상입니다.

내 노트들을 훑어보니 내가 말해 온 것과 잘 들어맞는 인용문들이 더 발견되더군요. 하나 들어 보십시오. "자연처럼 잔인한 것은 없다. 온 우주 안에 자연을 벗어날 길은 없다. 그러나 해치는 것은 자연이 아니라 사람 자신의 마음이다." 알아듣겠어요? 해치는 것은 자연이 아니라 사람 자신의 마음입니다. 층계에서 굴러 떨어져 몹시 부딪친 패디 이야기가 있죠. "떨어져서 다쳤니, 패디?" "아니, 멈추어서 다쳤어. 떨어져서 다친 건 아냐." 칼로 물 베기라는 말도 있죠. 단단한 게 칼에 썰리죠. 내면에 경직된 태도, 고정된 환상이 있으면 그것이 자연과 충돌합니다. 거기가 상처 입는 곳이고, 거기가 고통이 생겨나는 곳입니다.

멋진 표현이 있는데, 누군지 기억은 안 나지만 어느 동양 현자의 말입니다. 성서도 그런 것처럼 저자는 문제가 아니죠. 그 뜻이 중요하죠. "눈에 장애가 없다면 결과는 시각이요, 귀에 장애가 없다면 결과는 청각이며, 코에 장애가 없다면 결과는 후각이요, 입에 장애가 없다면 결과는 미각이며, 마음에 장애가 없다면 결과는 지혜다."

지혜는 개념들과 조건화로 쌓은 장벽들을 허물 때 생겨납니다. 지혜는 습득되는 것이 아닙니다. 경험이 아닙니다. 어제의 환상을 오늘의 문제에 적용하는 것이 아닙니다. 수년 전 시카고에서 심리학 학위를 받기 위해 공부할 때 누군가가 내게 말했던 것과 같습니다. "흔히는 사제의 일생에서 오십 년 경험이란 쉰 번 되풀이되는 일 년 경험이다." 과거에 의지하여 똑같은 해답을 구하는 거죠. 이런 식으로들 알코올중독자를 다루고 있습니다. 이런 식으로들 사제를, 수녀를, 이혼자를 다루고 있어요. 그러나 이것은 지혜가 아닙니다. 지혜란 과거에서 넘어온 어떤 것에도 영향 받지 않고, 과거의 경험에서 어떤 찌꺼기도 넘겨받지 않고, 지금의 **이** 상황, **이** 사람에게 민감해지는 것입니다. 이것은 대부분의 사람들이 습관적으로 생각하고 있는 것과는 전혀 다릅니다. 방금 읽은 문장들에다가 한 문장 더하고자 합니다. "마음에 장애가 없다면 결과는 사랑이다." 사랑에 대해서는 실제로 말할 수 있는 것이 없다고 하고서도 이 며칠 동안 사랑에 대해 많은 말을 해 왔군요. 우리는 사랑이 아닌 것에 대해서 말할 수 있을 따름입니다. 탐닉에 대해 말할 수 있을 뿐입니다. 사랑 자체에 대해서는 아무것도 명료하게 말할 수 없습니다.

사랑에 대해 무슨 말을?

나는 사랑을 어떻게 묘사할까? 새 저서에 내가 적고 있는 묵상들 가운데 하나를 들려 드리기로 했습니다. 천천히 읽어 드릴 테니 따라가며 묵상해 보십시오. 삼사 분 만에 다 읽을 수 있도록 여기 요약해 두었죠. 안 그러면 읽는 데 삼십 분이 걸릴 테니까. 복음서의 한 문장에 대한 해설인데, 먼저 플라톤이 말한 "자유인을 노예로 삼을 수 없으니, 자유인은 감옥에 있어도 자유인이기 때문이다"라는 문장에 대한 반성이 있고 나서 복음서의 비슷한 문장이 나오죠. "누가 천 걸음을 가자고 하거든 함께 이천 걸음을 가시오."

너는 내 등에 짐을 지웠다고 해서 나를 노예로 삼았다고 생각할지 모르지만 그렇지 않다. 누가 자유로워지기 위해 감옥에서 나옴으로써 외적 현실을 바꾸려 한다면 그는 정녕 갇힌 사람이다. 자유는 외적 환경에 있지 않다. 자유는 마음속에 자리한다. 지혜에 도달한 사람을 누가 속박할 수 있는가? 아무튼, 일찍부터 내 마음에 간직했던 복음서 문장을 들어 보라. "군중들을 헤쳐 보내신 후에 예수께서는 따로 기도하려고 산으로 올라가셨다. 저녁때가 되었는데도 홀로 거기 계셨다." **이것**이 사랑에 관한 모든 것이다. 홀로 있을 때라야 사랑할 수 있다는 것이 생각난 적이 있는가? 사랑한다는 것은 무슨 뜻인가? 어떤 사람, 어떤 상황, 어떤 사물을 자기가 상상하는 대로가 아니라 실제로 있는 그대로 본다는 뜻이다. 그리고 그에 합당한 반응을 준다는 뜻이다. 보지도 못하는 것을 사랑한다고 말할 수는 없다. 그런데 우리를 보지 못하게 막고 있는 것은 무엇인가? 우리의 조건화다. 우리의 개념들, 우리의 범주들, 우리의 편견들, 우리의 투영들, 우리가 우리의 문화들과 우리의 과거 경험들에서 끌어온 우리의 딱지들이다. 본다는 것은 인간이 감히 할 수 있는 일 가운데 가장 힘든 일이니, 그것은 훈련된, 방심 없이 경계하는 정신을 요구하기 때문이다. 그러나 대부분의 사람들은 각 사람, 각 사물을 그 생생한 현재 순간에 바라보려고 수고하기보다는 차라리 정신적 나태에 빠져 있으려고 한다.

자제력 상실

자제력을 이해하려면 약물에 맛들인 아이를 생각해 보십시오. 약이 몸에 스며들고, 아이의 온 존재가 약을 달라 외치죠. 약 없이는 견딜 수 없어 차라리 죽는 게 더 나을 것 같죠. 이 표상 — 마약중독 — 을 생각해 보십시오. 여러분이 태어나자 사회가 여러분에게 행한 것이 이런 것입니다. 삶의 고체 영양식 — 곧, 일·놀이·재미·웃음, 사람들과 사귐, 감각과 정신의 즐거움 들 — 을 즐기는 것이 허용되지 않았습니다. 칭찬·인정·주목이라는 마약의 맛만 주어진 것이죠.

여기서 A.S. 닐이라는 훌륭한 분의 말을 인용하겠습니다. 『서머힐』의 저자인 닐은 말하죠. 항상 부모 주변을 맴도는 것이 병든 아이의 표지다. **사람**들에게 관심을 가지는 것이다. 건강한 아이는 사람들에게 관심이 없다. **사물**들에 관심이 있다. 아이가 어머니의 사랑을 확신할 때는 어머니를 잊는다. 세상을 탐험하러 나간다. 호기심이 있다. 입에 넣으려고 개구리를 — 그런 사물을 — 찾는다. 아이가 어머니 주변을 맴돌 때 그건 나쁜 징조다. 안전하지 않은 것이다. 아마 아이의 어머니는 아이에게서 사랑을 빨아내려 했을 것이며 아이가 바라는 모든 자유와 확신을 주지는 않았을 것이다. 어머니는 언제나 아이를 여러 교묘한 방법으로 저버릴 위험이 있었던 것이다.

그래서 우리는 갖가지 약물중독을 맛들였습니다. 칭찬받고, 주목

받고, 일등을 하고, 성공하고, 특전을 누리고, 신문에 이름이 실리고, 권력을 얻고, 우두머리가 되고 등등. 우리는 팀 주장, 밴드 대장 같은 것에 맛을 들였습니다. 이런 마약들을 맛보고 중독되어 그걸 잃을까 봐 두려워하기 시작했습니다. 여러분이 느낀 자제력 부족을, 실패나 실수를 예견해서, 남들의 비판을 예견해서 느낀 두려움을 상기하십시오. 그래서 간절히 남들에게 의지하고 자유를 잃게 된 겁니다. 남들이 이제는 나의 행·불행을 좌우하는 힘을 가진 거죠. 마약들을 갈망하건만 여기 내포된 고통을 미워하며 그만큼 스스로는 속수무책인 거죠. 의식적으로든 무의식적으로든 남들의 반응에 주의하며 그들의 북 장단에 맞춰 행진하지 않는 때라곤 한순간도 없는 거죠. 깨친 사람에 대한 좋은 정의가 있습니다. 즉, 사회의 북소리에 맞춰 행진하지 않게 된 사람, 내면에서 솟아나는 음악의 선율에 맞춰 춤추는 사람입니다. 무시당하거나 인정받지 못하면 견딜 수 없이 외로움을 느껴 사람들 뒤로 다가가서는 지지와 격려와 재확인이라는 위안의 약을 구걸하게 되는 그런 상태에서 사람들과 함께 산다는 것은 끝없는 긴장을 내포합니다. "지옥이란 다른 사람들"이라고 사르트르는 말했죠. 얼마나 옳은 말입니까. 이런 의존 상태에서는 항상 최선의 처신을 유지해야 합니다. 머리 손질도 안한 채 늘어뜨리고 있을 수는 없죠. 남의 기대에 맞추어 살아야죠. 사람들과 함께 살면 긴장 속에 살게 되고, 사람들이 없으면 그리워서 쓸쓸하고 괴로워지죠. 약들을 얻을 필요에 지각이 가리어, 사람들을 있는 그대로 보고 정확히 반응할 능력을 잃은 겁니다. 약을 얻는 데 도움이 되는 존재냐 아니면 약을 앗아 갈 위험이 있는 존재냐로만 사람들을 보는 거죠. 의식적이든 무의식적이든 언제나 여러분은 사람들을 이런 눈으로 보고 있습니다. 그들에게서 내가 원하는 걸 얻을까 못 얻을까? 그리고 내 약에 도움도 위협도 되지 않는 사람들에게는 관심조차 없는 겁니다. 말하기 끔찍하지만, 이 말이 적용되지 않을 사람이 여기 누가 있을지 모르겠군요.

삶에 귀 기울이라

이제는 깨달음이 필요하고 자양분이 필요합니다. 건강에 좋은 음식이 필요합니다. 생명의 음식을 즐길 줄 아십시오. 좋은 고체 음식, 좋은 술, 좋은 물, 그것을 맛보십시오. 정신은 놓아두고 감각에 다가가십시오. 그게 건강에 좋은 영양입니다. 감각의 기쁨과 정신의 기쁨이죠. 좋은 책을 즐길 때 좋은 독서가 됩니다. 토론이나 사색도 즐길 때 놀랄 만큼 좋은 것들입니다. 불행히도 사람들은 미쳐 버렸고, 삶의 사랑스런 것들을 즐길 줄 몰라서 점점 더 중독되고 있습니다. 그래서 점점 더 강한 인위적 자극들에 빠져 들고 있습니다.

칠십년대에 카터 대통령은 미국인들에게 내핍을 호소했는데, 실은 내핍하라 할 게 아니라 사물을 즐기라고 했어야지 하고 나는 생각했습니다. 대부분의 사람들이 즐기는 능력을 잃었습니다. 내가 보기에는 풍족한 나라 사람들이야말로 대부분이 이 능력을 상실한 것 같습니다. 온갖 더 비싼 장식품들을 가져야겠으니 소박한 생필품들을 즐길 리가 없죠. 아주 멋진 곡들을 죄다 갖춘 음반점엘 들어가 볼라치면 듬뿍 할인 가격에 사 가지고들 가던데, 사다가는 몽땅 쌓아만 두는지 난 그걸 듣고 있는 사람을 본 적은 없어요. 시간이 없다, 시간이 없다, 시간이 없다. 자책하느라고 삶을 즐길 시간은 없죠. 전진, 전진, 전진, 할 일이 너무 많죠. 정말 삶을 즐기고 감각의 단순한 기쁨을 즐긴다면 놀라움을 맛볼 것입니다. 동물들의 저 비범한 절제를 배울 것입니다. 동물은 과식하는 일이 없죠. 자연 환경에 놓아두면 체중 초과란 없죠. 건강에 좋지 않은 걸 마시거나 먹는 일이 없죠. 동물이 담배 피우는 걸 볼 수는 없어요. 동물은 항상 필요한 만큼만 실행해요. 아침을 먹고 쉬는 고양이를 살펴보십시오. 얼마나 느긋합니까. 그리고 행동에 뛰어드는 걸 보십시오. 사지가 얼마나 탄력 있고 몸이 얼마나 민첩합니까. 그걸 우리는 잃었습니다. 정신·관념·이상 등등에 빠져 언제나 전진, 전진, 전진뿐입니다. 그래서 동물에게는 없는 내적 자기 갈등이 있습니다. 그래서 언제나 자신을 단죄하며 자책감을 느끼고 있습니다. 아시다시피, 몇 년 전에 한 예수회원 친구가 나에게 한 말은 나 자신에게도 적용될 수 있는 말이었습니다. "그 과자 접시 치워 버리게. 난 과자나 초콜릿 접시 앞에서는 자유를 잃어버린다네." 나도 그랬죠. 온갖 것들 앞에서 자유를 잃었는데, 그러나 지금은 아닙니다! 매우 적은 것으로 만족하고 그걸 열심히 즐깁니다. 무언가를 열심히 즐겼을 때는 필요한 것이 매우 적습니다. 그것은 휴가 계획 세우느라 바쁜 사람들의 경우와 비슷합니다. 여러 달 걸려 계획한 곳에 도착해서는 또 돌아갈 비행기 표 예약하느라고들 바쁘죠. 그리고 사진들을 찍는 것까지는 좋은데, 나중에 앨범에서 보여 주는 건 사진만 찍었지 본 적도 없는 곳들이죠. 이것은 현대인 삶의 한 상징입니다. 나는 이런 종류의 금욕에 대해서라면 아무리 경고해도 모자라겠다고 생각합니다. 느긋이 맛보고 냄새 맡고 들으며 감각들이 살아나게 하십시오. 신비주의에 이르는 왕도를 원한다면 조용히 앉아서 주변의 모든 소리에 귀 기울이십시오. 한 소리에만 초점을 맞추지 마십시오, 그 모두를 들으려 하십시오. 오, 감각들이 열려 오면서 일어나는 기적을 볼 것입니다. 이것은 변화의 과정을 위해서 지극히 중요합니다.

분석의 한계

나는 여러분에게 분석과 깨달음의 차이, 또는 정보와 통찰의 차이를 맛보여 드리고 싶습니다. 정보는 통찰이 아닙니다. 분석은, 지식은 깨달음이 아닙니다. 내가 팔에 뱀이 한 마리 기어오르고 있는 채로 여기 들어와서 이렇게 말했다고 합시다. "여러분, 내 팔에서 꿈틀거리는 뱀이 보입니까? 이 시간에 들어오기 전에 방금 백과사전을 뒤져서 알아냈는데, 러셀의 독사로 알려진 뱀입니다. 물리면 난 삼십 초 이내에 죽습니다. 이놈을 제거할 수 있는 방법을 좀 알려 주시겠습니까?" 누가 이런 식으로 말해요? 나는 정보는 있지만 깨달음이 없는 거죠.

혹은 내가 술로 나 자신을 망치고 있다고 합시다. "알코올중독에서 벗어날 수 있는 방법을 설명해 주시겠습니까?" 이렇게 말하는 사람이라면 깨달음이 없는 사람이죠. 자신을 망치고 있다는 걸 알지만 그걸 깨달은 건 아닙니다. 깨달았다면 그 순간 중독을 떨쳐 버렸겠죠. 내가 그 뱀이 무엇인지를 깨달았다면 내가 그걸 내 팔에서 떼어 내지 않았겠죠. **그것이 나를 통해서 떨어져 나갔겠죠**. 이것이 내가 얘기하려는 것입니다. 이것이 내가 말하려는 변화입니다. 자기가 자신을 변화시키는 게 아닙니다. **내가 나를** 변화시키는 게 아닙니다. 변화가 자기를 통해서, 자기 안에서 일어나는 것입니다. 이것이 내가 표현할 수 있는 가장 적절한 방법에 관한 것입니다. 자기 안에서,

자기를 통해서 변화가 일어나는 것이 보이는 거죠. 깨달음 속에서 변화가 일어나는 거죠. **자기**가 그렇게 하는 게 아닙니다. 만일 그렇게 하고 있다면 그건 나쁜 징조죠. 오래가지는 못하겠죠. 만일 오래 간다면 그 사람은 매우 완고한 사람이겠고 따라서 함께 사는 사람들에게는 하느님의 자비가 필요하겠죠. 자기 혐오와 자기 불만을 토대로 회개한 사람들은 더불어 살 수 없는 사람들입니다. 누군가가 "순교자가 되고 싶거든 성인과 결혼하라"고 했죠. 그러나 깨달음 속에서는 부드러움 · 자상함 · 점잖음 · 개방성 · 유연성을 유지하면서, 밀어붙이지 않으면서, 변화가 일어납니다.

 내가 시카고에서 심리학을 공부할 적에 한 사제가 우리들에게 했던 말이 기억납니다. "사실 나는 필요한 모든 지식을 가지고 있었죠. 술이 날 죽이고 있다는 걸 알고 있었고, 또, 정말이지 아무것도 — 심지어 아내나 아이들의 사랑까지도 — 알코올중독자를 고치지는 못한다는 걸 알고 있었어요. 나도 처자식들을 사랑하지만 그것도 나를 고치지는 못하죠. 그러다가 어느 날 나는 나를 바꾸어 놓는 한 가지를 발견했습니다. 가랑비가 내리던 그날 나는 도랑 속에 누워 있었습니다. 나는 눈을 떴고 이것이 날 죽이고 있음을 보았습니다. 난 그걸 보았고 그 후로는 단 한 방울도 입에 대고 싶은 욕구가 없었습니다. 사실 그 후에도 좀 취한 적은 있었지만 건강을 해칠 정도로 마신 적은 없어요. 그렇게 할 수가 없었죠. 지금도 그럴 수가 없고요." 이것이 내가 말하려는 것입니다. 깨달음, 지식이 아니라 깨달음이죠.

담배를 지나치게 피우는 버릇이 있던 한 친구가 이런 말을 하더군요. "사실 담배에 관한 별의별 농담들이 다 있지. 담배가 사람을 죽인다고들 하지만 고대 이집트인들을 보라구. 아무도 담배를 안 피웠는데도 모두 죽었잖은가." 그런데 어느 날 그는 가슴이 답답해져서 뭄바이에 있는 암 연구소엘 갔는데, 의사가 말했죠. "신부님의 허파에 얼룩이 두 군데 있군요. 암일 수도 있으니 다음 달에 꼭 다시 오셔야겠습니다." 그 후로 그는 담배를 건드리지도 않았습니다. 전에는 흡연 때문에 죽을 수도 있다는 걸 **알았던**·것이고, 이제는 그걸 **깨달은** 것이죠. 그게 다른 겁니다.

우리 수도회의 창시자인 이냐시오 성인은 이 점을 잘 표현했습니다. 진실을 맛보고 느끼는 것 — 아는 것이 아니라 맛보고 느끼는 것, 느낌을 얻는 것 — 이라고 불렀죠. 느끼게 될 때 달라집니다. 머리로 알 때는 달라지지 않습니다.

죽음과 삶

나는 자주 사람들에게, 진실로 사는 길은 죽는 것이라고 말했습니다. 삶으로의 입장권은 무덤 속에 누워 있는 자신을 상상하는 것입니다. 자신이 관 속에 누워 있다고 상상해 보십시오. 자세는 아무래도 좋습니다. 우리 인도에서는 종종 다리를 꼬고 앉은 자세 그대로 화장터까지 운구되죠. 더러는 평평하게 눕히기도 하고요. 아무튼 여러분은 다리를 뻗고 누워서 죽어 있다고 상상해 보십시오. 이제 그런 관점에서 여러분의 문제를 보십시오. 매사가 달라지잖아요?

얼마나 멋들어진 묵상입니까. 날마다 시간이 있으면 그렇게 하십시오. 믿어지지 않겠지만 여러분이 살아날 것입니다. 이에 대한 한 묵상이 『샘』[15]이라는 나의 저서에 있습니다. 몸이 썩어 문드러지는 것을, 그다음엔 해골들을, 또 그다음엔 먼지를 보십시오. 내가 이런 이야기를 할 때마다 사람들은 "흉측해라!" 합니다. 그러나 뭐가 그리 흉측할 게 있어요? 그게 현실인 걸요, 누가 뭐래도. 그렇지만 많은 사람들이 현실을 보고 싶어 하질 않죠. 죽음을 생각하고 싶어 하지 않아요. 사람들은 살고 있지 않습니다. 여러분 대부분이 살고 있지 않습니다. 살고 있는 게 아니라 그저 몸이 살아 있도록 지키고 있을 뿐입니다. 그건 삶이 아닙니다. 사느냐 죽느냐가 전혀 문제 되지

---

[15] *Wellsprings*: 우리말 번역서도 나와 있다(분도출판사 1988).

않기까지는 살고 있는 게 아닙니다. 바로 그 시점에서 사는 것입니다. 목숨을 잃을 준비가 되어 있을 때 사는 것입니다. 그러나 목숨을 보호하겠다면 죽은 것입니다. "다락방에서 내려와!" 하니까 "오 안 돼, 계단을 내려가다가 미끄러져 목이 부러진 사람들 얘길 읽었어. 너무 위험해" 하는 짝이죠. 혹은 "얼마나 많은 사람들이 길을 건너다가 차에 치이는지 아니?" 하며 길을 건너갈 수 없다는 사람더러 어떻게 대륙을 횡단하게 할 수 있겠어요? 자신의 편협한 신념과 확신들을 들여다보고 다른 세계를 내다볼 수 없다면 죽은 겁니다. 완전히 죽은 거예요. 삶은 지나가 버린 거예요. 좁은 감옥 속에 겁먹고 앉아서 하느님·종교·친구들, 온갖 것들을 잃어버리는 겁니다. 삶은 도박꾼 몫입니다. 실제로 그렇습니다. 이것이 예수께서 말씀하신 겁니다. 여러분은 목숨을 걸 채비가 되어 있습니까? 언제 그렇게 되는지 아십니까? 삶이라고들 부르는 게 실은 삶이 아니라는 걸 발견했을 때, 그걸 알고 있을 때입니다. 산다는 건 목숨을 이어가는 것이라고들 잘못 생각하고 있습니다. 그러니 죽음에 대한 생각을 사랑하십시오. 그걸 사랑하십시오. 그 생각으로 거듭 되돌아가십시오. 시체, 해골, 마침내 한 줌의 먼지로 부스러질 뼈들의 사랑스러움을 생각하십시오. 그때부터는 얼마나 홀가분합니까. 얼마나 안심이 됩니까. 여러분 가운데 더러는 아마 내가 지금 무슨 얘기를 하고 있는지 모를 겁니다. 생각하기조차 너무 두렵겠죠. 그러나 그런 시각으로 삶을 되돌아볼 수 있을 때 그건 분명 위안이 됩니다.

혹은 공동묘지를 방문해 보십시오. 대단히 마음을 정화하는 아름다운 경험이 됩니다. 한 이름을 보고 말하는 겁니다. "아이구, 저렇게나 오래 전에 살았구먼, 이백 년 전이라니. 그도 나처럼 온갖 문제가 있었고 수많은 불면의 밤을 지새웠겠지." 한 이탈리아 시인이 말했죠. "우리는 찰나의 낮을 살고 있다. 저녁이 오면 영원한 밤이다." 그런 찰나의 낮을 우리는 허송하고 있습니다. 불안·걱정·염려 들을 짊어지고서 허송하고 있습니다. 그런데, 이런 묵상을 하다 보면 그저 지식으로 끝날 수도 있지만 깨달음에 이를 수도 있습니다. 그리고 깨달음의 순간 **새**사람이 됩니다. 적어도 그 깨달음이 지속되는 한은 그렇습니다. 그때 여러분은 지식과 깨달음의 차이를 알 겁니다.

최근에 한 천문학자 친구에게서 천문학에 관한 기초적인 것들을 좀 들었습니다. 듣기 전에는 몰랐던 건데, 우리가 태양을 볼 때 그건 팔 분 반 전의 태양을 보는 것이지 태양이 지금은 거기 있는 건 아니더군요. 태양 광선이 우리에게 도달하기까지는 팔 분 반이 걸리니까요. 그러니 우리가 보고 있는 건 거기가 아닌 다른 데 있는 거죠. 별들의 빛도 수백·수천 년 걸려서 도달하니까 우리가 보는 별들은 우리에게 보이는 거기가 아닌 다른 곳에 있겠죠. 그 친구는 말하더군요. 한 은하계나 온 우주를 상상해 본다면 우리의 이 지구는 은하수의 중심은커녕 그 꼬리 쪽으로 사라져 버릴 것이다. 그리고 별마다가 한 태양인데, 더러는 우리의 태양과 지구와 그 사이의 거리를 합한 것만큼 큰 것도 있다. 재래의 추산으로는 은하계가 일억 개나 있다! 우리가 알고 있는 대로 우주는 매초 이백만 마일의 비율로 확장 중이다. 나는 넋을 잃고 이 모든 이야기를 듣고 있었습니다. 그리고 우리가 식사하던 식당에서 나왔을 때 나는 위를 쳐다보았는데 다른 느낌이 들더군요, 삶이 달리 지각되었어요. 그것이 깨달음입니다. 그러니까 이 모든 것에서 냉정한 사실만을 — 그게 지식이죠 — 발견할 수도 있고, 혹은 문득 삶에 대한 다른 지각을 얻을 수도 있는 겁니다 — 우리는 무엇이냐, 이 우주란 무엇이냐, 인생이란 무엇이냐? 그런 느낌에 이를 때, 그게 바로 내가 깨달음을 얘기하면서 뜻하는 그것입니다.

사랑의 세계

사람들이 무얼 주거나 앗아 갈 수 있다는 환상을 실제로 떨쳐 버렸다면 우리는 생기발랄할 것입니다. 이렇게 하지 않는 결과가 두려움과 탈출 능력의 상실입니다. 우리는 사랑하는 능력을 잃고 있습니다. 사랑하고 싶다면 다시 볼 줄 알아야 합니다. 그리고 보고 싶다면 마약을 버릴 줄 알아야 합니다. 그렇게 단순합니다. 의존을 버리십시오. 여러분의 존재를 가두어 넣어 숨통을 막아 온 사회의 촉수들은 떼어 버리십시오. 그것들을 떨쳐 버려야 합니다. 외적으로는 매사가 여전하겠지만, 계속 세상 **안에** 있더라도 이미 세상**의** 사람은 아닐 것입니다. 전혀 혼자가 된다면 마음속에서는 이제 마침내 자유로울 것입니다. 마약에 대한 의존이 사라질 것입니다. 굳이 사막으로 갈 것도 없습니다. 사람들 가운데서도 올바르며, 사람들을 한없이 즐기는 겁니다. 그러나 그들은 여러분을 행복하게 하거나 불행하게 할 힘이 이미 없는 겁니다. 이것이 홀로 있음이라는 것입니다. 이 고독 속에서 의존은 사라집니다. 사랑하는 능력이 태어납니다. 남들을 자기중독의 충족 수단으로 보지 않게 됩니다. 그 과정의 두려움은 그것을 시도해 본 사람만이 압니다. 마치 죽으려고 환장한 것 같죠. 가엾은 약물중독자에게 이제껏 알아 온 유일한 행복을 포기하라고 요구하는 것 같죠. 어떻게 그 맛을 빵과 과일의 맛, 아침 공기의 신선한 맛, 계곡 물의 시원한 맛과 바꾸어 놓을꼬? 금단 증상과 싸우는 동안은, 바야흐로 체내에서 약 기운이 사라졌다는 걸 겪으며 공허감과 씨름하는 동안은, 그 약 말고는 아무것도 그 공허감을 채울 수 없습니다. 인정해 주는 한마디 말을 반기거나 누군가의 어깨에 머리를 기대고 위로받기를 거부하는 그런 삶을 상상할 수 있습니까? 정서적으로 누구에게도 의지하지 않는, 그래서 아무도 자기를 행복하거나 불행하게 할 힘이 없어진 그런 삶을 생각해 보십시오. 어느 특정인을 **필요로** 하거나 특별히 대하거나 자기편으로 삼기를 거부하는 겁니다. 공중의 새들도 보금자리가 있고 여우들도 굴이 있건만 자기 인생 여로에는 머리를 기댈 곳조차 마다하는 겁니다. 언젠가 이런 상태에 도달한다면, 두려움이나 욕망으로 가려지지 않은 밝은 눈으로 본다는 것이 무슨 뜻인지를 마침내 알 것입니다. 이 말은 낱말마다 계산된 말입니다. **두려움이나 욕망으로 가려지지 않은 밝은 눈으로 본다는 것**. 사랑한다는 것이 무슨 뜻인지 알게 되는 겁니다. 그러나 사랑의 세계에 당도하기 위해서는 죽음의 아픔을 거쳐야 합니다. 사람들을 사랑한다는 것은 사람들이 필요하다는 것에 죽는 것이고 전적으로 홀로 있는 것이기 때문입니다.

    어떻게 거기에 도달할까요? 끊임없는 깨달음에 의해서. 약물중독자를 대하듯 무한한 인내와 연민에 의해서. 약물 갈구에 대처하여 삶의 좋은 것들에 맛들임으로써. 무슨 좋은 것? 좋은 일 하기를 사랑하되, 사랑 자체 때문에 그 일을 즐기는 것; 사람들과 더불어 웃고 친교하기를 사랑하되, 매달리지는 않고 정서적으로 의존하지는 않으면서 함께 있기를 즐기는 것입니다. **온 존재**를 바쳐서 행할 수 있는 활동들, 하도 사랑하는 일인지라 거기 종사하는 동안은 성공·인정·칭찬이란 아무 의미도 없는 그런 활동들에 착수한다면 그것도 도움이 될 것입니다. 자연으로 돌아간다면 역시 도움이 될 것입니다. 사람들을 보내 버리고 산에 올라가 나무와 꽃들, 짐승과 새들, 바다와 구름들, 하늘과 별들하고 고요히 사귀십시오. 이미 말했거니와, 주변의 사물들을 응시하고 자각하는 것이야말로 얼마나 훌륭한 영성 수련입니까. 바라건대, 말들을, 개념들을 떨쳐 버리고 현실을 바라보며 현실과 접촉하시기를.

그것이 외로움의 치유입니다. 일반적으로 우리는 사람들에게 정서적으로 의존함으로써, 어울려 떠들썩함으로써 외로움을 치유하려고 합니다. 그것은 치유가 아니죠. 사물들로 돌아가십시오. 자연으로 돌아가십시오. 산에 오르십시오. 그러면 자기 마음이 자기를 아무도 곁에 없는, 사람이라고는 전혀 없는 광막한 고독의 사막으로 데려왔음을 알 것입니다. 처음에는 이것이 견딜 수 없어 보이겠지만, 그것은 홀로 있음에 익숙해지지 않았기 때문일 뿐, 한동안 거기서 머물러 내면 그 사막에 문득 사랑이 꽃필 것입니다. 마음에 노래가 터져 나올 것입니다. 그리고 영원히 봄일 것입니다. 약물은 간데 없고 자유로울 것입니다. 그때 자유가 무엇인지, 사랑이, 행복이, 현실이, 진리가, 하느님이 무엇인지 이해할 것입니다. 여러분은 개념들과 조건화, 중독과 집착을 넘어서서 보게 되고 알게 될 것입니다. 그럴 듯합니까?

 멋진 이야기 하나로 이 점을 마무리하죠. 불붙이는 기술을 발명한 사람이 있었습니다. 그는 불붙이는 도구들을 가지고 추운, 몹시 추운 북쪽의 한 부족에게로 가서 불붙이는 법을 가르쳤습니다. 사람들은 매우 관심을 쏟았습니다. 그는 불의 용도 — 요리와 난방 등 — 도 보여 주었습니다. 그들은 불붙이는 기술을 배운 것이 무척 고마웠습니다. 그러나 미처 그들이 감사를 표하기도 전에 그는 사라져 버렸습니다. 그들의 인정이나 감사에는 관심도 없었던 겁니다. 그들의 복지에 관심을 기울였던 거죠. 그는 다른 부족에게로 가서 다시 그 발명의 가치를 보여 주기 시작했습니다. 거기서도 사람들의 관심은 대단했는데, 그곳 사제들의 마음의 평화를 위해서는 좀 지나친 관심이었던지, 사제들은 이 사람이 군중을 끌어 모으고 있고 자기들은 인기를 잃고 있음을 알아차리기 시작했습니다. 그래서 그를 제거하기로 결정했습니다. 옥에 가두었다든지, 십자가에 못 박았다든지, 그건 마음대로 표현하십시오. 그러나 이제 사제들은 사람들이 들고 일어날까 봐 두려웠습니다. 그처럼 매우 지혜롭고 교활하기까지 했죠. 그래서 어떻게 했는지 아십니까? 그 사람의 초상화를 만들게 해서 사원의 중앙 제단 위에 두었죠. 불붙이는 기구들도 초상화 앞에 두고요. 그리고 사람들에게 초상화를 경배하고 불붙이는 기구들에도 경의를 표하도록 가르쳤죠. 여러 세기 동안 의무적으로 그 일을 했죠. 경배와 예배는 계속되었지만 불은 없었습니다.

 불은 어디 있습니까? 사랑은 어디 있습니까? 체제에서 근절된 마약은 어디 있습니까? 자유는 어디 있습니까? 이것이 영성의 모든 관심사입니다. 비극적이게도, 우리는 이것을 보는 눈을 잃어 가고 있지 않습니까? 이것이 예수 그리스도에 관한 모든 일입니다. 우리는 "주님, 주님"을 지나치게 강조하지 않았습니까? 불은 어디 있습니까? 예배가 불로 이끌지 못하고 있다면, 숭배가 사랑으로, 전례가 현실에 대한 더 명료한 지각으로, 하느님이 생명으로 이끌지 못하고 있다면, 종교란 더 많은 분열과 더 많은 광신과 더 많은 적대를 낳는 것 말고 무슨 소용일까요? 세상이 고통을 겪고 있는 건 통상적인 의미로 종교라는 게 없어서가 아닙니다. 사랑이 없고 깨달음이 없기 때문입니다. 그리고 사랑은 깨달음을 통해서 생겨나지 달리 생겨나지 않습니다. 달리는 어떤 방법으로도. 스스로 사랑과 자유와 행복의 길을 막고 있는 장애물들을 이해하십시오. 그러면 그것들이 제거

될 것입니다. 깨달음의 불을 켜십시오. 그러면 어둠이 사라질 것입니다. 행복은 습득하는 것이 아닙니다. 사랑은 여러분이 낳는 것이 아닙니다. 사랑은 여러분이 가진 무엇이 아닙니다. 사랑은 여러분을 가진 무엇입니다. 바람과 별들과 비는 여러분의 것이 아닙니다. 여러분의 소유가 아닙니다. 여러분은 그것들에 탄복합니다. 그리고 탄복은 환상들을 깨칠 때, 중독들을, 욕망들과 두려움들을 깨달을 때 일어납니다. 앞서 이야기했듯이 첫째, 분석이 아닌 심리적 통찰이 큰 도움이 됩니다. 분석은 반풍수입니다. 분석이 반드시 통찰은 아닙니다. 한 훌륭한 미국 심리 치료사가 매우 잘 표현했죠. "중요한 것은 '아하' 하는 체험이다." 분석만으로는 도움이 안 됩니다. 분석은 정보를 제공할 뿐이지만, "아하" 체험을 낳을 수 있으면 그것이 통찰입니다. 그것이 변화입니다. 둘째, 중독에 대한 이해가 중요합니다. 시간이 필요합니다. 애석한 일입니다, 예배와 찬양과 찬송에 바치는 그 많은 시간들이 자기 이해에 쓰인다면 풍성한 열매를 맺을 수 있으련만. 전례 의식의 공동 거행이 공동체를 낳지는 않습니다. 여러분이나 나 가슴 깊이 알다시피, 그런 의식들은 차이점들을 덮는 포장지 구실이나 하고 있을 따름입니다. 공동체는 우리가 거기로 가는 길을 막아 놓는 장애물들을 이해함으로써, 우리의 두려움과 욕망들에서 일어나는 갈등들을 이해함으로써 창조됩니다. 그 시점에서 공동체가 생겨납니다. 우리는 예배를 삶이라는 중대사에서 벗어나는 또 하나의 기분 전환으로만 삼아 버리는 것을 항상 경계해야 합니다. 그리고 산다는 것은 정부 안에서 일한다거나 큰 사업가가 된다거나 대단한 자선 행위들을 수행하는 것을 뜻하지 않습니다. 그것이 사는 것은 아닙니다. 산다는 건 모든 장애를 떨쳐 버리고 지금 이 순간을 새롭게 사는 것입니다. "하늘의 새들 … 그것들은 씨를 뿌리지도 않고 추수하지도 않을 뿐더러" — 이것이 사는 것입니다. 나는 사람들이 잠들어 있다, 죽어 있다고 말하는 것으로 이야기를 시작했습니다. 죽은 정치인들, 죽은 사업가들, 죽은 교육자들, 살아나십시오! 예배는 이 살아나는 일에 도움이 되어야 합니다. 그렇지 않으면 무용지물입니다. 그리고 곳곳에서 우리는 점점 더 — 여러분이나 나나 잘 알다시피 — 젊은이들을 잃어 가고 있습니다. 젊은이들은 우리를 혐오하고 있습니다. 더 많은 두려움과 더 많은 죄의식의 요구에는, 더 많은 설교나 훈계에는 관심이 없습니다. 그러나 사랑에 대해 배우는 데는 관심이 있습니다. 나는 어떻게 행복할 수 있을까? 어떻게 살 수 있을까? 신비가들이 말하는 그 경이로운 일들을 어떻게 맛볼 수 있을까? 이것이 둘째 것, 이해라는 것입니다. 셋째, 동일화하지 마십시오. 내가 오늘 이리로 오고 있는데 어떤 사람이 묻더군요. "무력감을 느껴 본 적이 있소?" 여보시오, 물론 나도 걸

핏하면 무력감을 느낀다오. 내가 받는 공격들도 있죠. 그러나 오래 가지는 않습니다. 정말 오래가진 않아요. 어떻게 하길래? 첫 단계, 나는 동일화하지 않습니다. 자, 무력감이 찾아옵니다. 긴장하는 대신, 나 자신에게 짜증을 내는 대신, 내가 우울이나 실망 등을 느끼고 있음을 이해합니다. 둘째 단계, 그런 느낌이 내 안에 있다는 걸 시인합니다. 다른 사람, 예컨대 나에게 편지를 하지 않은 사람에게 있지 않고, 외부 세계에 있지 않고, 내 안에 있는 것이죠. 내 밖에 있다고 생각하는 한, 나는 그 감정을 계속 붙들고 있는 게 정당하다고 느끼기 때문입니다. 누구나가 이런 식으로 느끼리라고 말할 수는 없지. 사실, 잠들어 있는 멍청이들이나 이렇게 느끼겠지. 셋째 단계, 그 느낌과 동일화하지 않습니다. "나"가 그 느낌은 아니지. "나"가 외로운 건 아니지. "나"가 우울한 건 아니지. "나"가 실망한 건 아니지. 실망이 **저기** 있고, 그걸 바라보는 겁니다. 그것이 얼마나 빨리 사라져 버리는지 놀랄 일이죠. 깨닫고 있는 것은 무엇이나 계속 변합니다. 구름은 계속 움직입니다. 이렇게 할 때, 처음에는 왜 구름이 몰려오고 있었는지도 온가지로 통찰하게 되는 겁니다.

나로서는 황금 글자로 쓰고 싶은 몇 문장이 여기 있는데, A.S. 닐의 『서머힐』에서 뽑은 겁니다. 배경부터 설명해 드려야겠군요. 아시겠지만 닐은 사십 년간 교육에 종사했습니다. 일종의 무정형 학교를 개발했는데, 소년·소녀들을 받아들여 그저 자유롭게 내버려 두었죠. 원하면 읽기와 쓰기를 배워도 좋고 싫으면 안 배워도 좋다, 남의 자유에 간섭만 안 한다면 뭐든지 할 수 있다. 남의 자유에 간섭하지 말라, 그 밖에는 자유다. 닐은 수도회 학교 출신들이 최악의 학생들이더라고 합니다. 물론 이건 옛날 일이죠. 그들이 스스로 억압했던 분노와 원한을 극복하는 데는 약 육 개월이 걸렸습니다. 반년 동안 반항하며 체제와 싸우고 있었던 셈이죠. 가장 나쁜 경우로, 한 소녀는 수업을 피해, 학교를 피해, 무슨 일이나 피해, 자전거를 타고 마을로 들어가곤 했습니다. 그러나 일단 반항을 이겨 내자 모두가 배우고 싶어 했고, 심지어 "왜 오늘은 수업이 없어요?" 하며 항의하고 나서기도 했습니다. 그러면서도 그들은 흥미가 있는 수업만 받으려 했습니다. 변했죠. 처음에는 부모들이 자녀들을 이 학교에 보내 놓고는 두려워졌습니다. "기율을 세우지도 않고 어떻게 아이들을 교육할 수 있어요? 가르치고 이끌어 주셔야죠." 닐의 성공 비결은 무엇이었을까요? 그는 다른 누구나가 절망적이라고 여겼던 최악의 아이들을 받아들였는데 육 개월 안에 모두가 변한 겁니다. 그의 말 — 비범한 말, 성스런 말 — 을 귀담아들읍시다. "어린이마다 그 안에 한 신이 있다. 어린이를 틀에 맞추려는 우리의 시도들은 그 신을 악마로 바꾸어 놓는다. 어린이들이 우리 학교에 올 때는 세상을 미워하고, 파괴적이고, 버릇없고, 거짓말하고, 도둑질하고, 성질이 고약한 작은 악마들이다. 육 개월 후에는 그들이 악을 행하지 않는 행복하고 건강한 어린이들이 된다." 이것이 영국에서 학교 — 교육부의 정기 감사를 받는, 남녀 교장들이나 혹은 원하면 누구나 시찰할 수 있는 학교 — 를 가진 한 사람의 놀라운 말입니다. 놀라운 카리스마죠. 이런 일은 청사진으로 되는 게 아니죠. 특별한 사람이라야 할 수 있는 일이죠. 교장들에게 행한 한 강연에서 닐은 말합니다. "서머힐에 와 보시면 모든 과일나무에 열매들이 달려 있을 겁니다. 아무도 나무에서 과일을 따지 않습니다. 권위를 공격하려는 욕구라곤 없습니다. 잘들 자라고 원한이나 분노라곤 없습니다. 서머힐에 와 보시면 별명으로 난처해진 어린이라곤 보지 못할 겁니다(아시다시피, 누군가 말을 더듬으면 짓궂은 아이들이 얼마나 잔인하게 놀릴 수도 있습니까). 말더듬이를 꼬집는 어린이라곤 보지 못할 겁니다. 결코. 이 어린이들 속에는 폭력이라곤 없습니다. 아무도 그들에게 폭력을 행사하지 않으니까요. 그게 이유죠." 이 계시의 말, 신성한 말에 귀 기울이십시오. 세상에는 이런 사람들도 있는 겁니다. 학자·성직자·신학자 들은 무어라 하든, 세상에는 다툼·질투·알력·전쟁·적대감이라곤 없는 사람들이 있고 또 있어 왔습니다. 그런 사람들이 우리나라에 존재합니다. 아니, 말하기 슬프지만, 비교적 최근까지 존재했습니다. 내가 예수회 친구들을 사람들 속에 나가서 살며 일하게 한 적이 있는데, 그 사람들은 도둑질이나 거짓말이라곤 모르는 사람들이라고 그 친구들은 장담하더군요. 한 수녀는 인도 북동쪽 어느 부족 속에 가서 일했는데, 그곳 사람들은 자물쇠를 채우는 일이 없더랍니다. 아무것도 도둑맞는 일이 없고, 한번도 거짓말하는 일이 없더라는 겁니다 — 인도 정부와 선교사들이 나타나기까지는.

어린이마다 그 안에 한 신이 있습니다. 어린이를 틀에 맞추려는 우리의 시도들은 그 신을 악마로 바꾸어 놓습니다.

페데리코 펠리니가 감독한 멋진 이탈리아 영화가 있죠. 한 장면에서, 그리스도교 수사 한 분이 여덟 살부터 열 살 사이의 소년들을 데리고 소풍을 갑니다. 수사가 뒤처진 서너 아이들을 거두어 걸어가는 동안 어린이들은 곧장 내달아 해변에 당도하는데, 우연히 매춘부인 한 나이 든 여자를 만나게 됩니다. "안녕하세요." "안녕." "아주머니는 누구세요?" "난 창녀란다." 어린이들은 그게 뭔지 모르면서도 알아들은 척합니다. 다른 아이들보다 조금은 더 아는 듯한 한 소년이 말합니다. "창녀란 돈을 주면 어떤 일을 하는 여자야." "우리가 돈을 주면 할까?" "왜 안 해?" 그래서 소년들은 돈을 모아서 줍니다. "돈을 드렸으니 어떤 일을 하실래요?" "그럼, 녀석들. 내가 무얼 했으면 좋겠니?" 아이들에게 떠오른 단 한 가지 생각은 그녀가 옷을 벗는 것입니다. 그래서 그녀는 그렇게 합니다. 자, 소년들은 그녀를 보고 있습니다. 전에는 나체인 여자를 본 적이 없습니다. 소년들은 그 밖에 무얼 해야 할지를 몰라서 "춤을 출래요?" 합니다. "좋지." 그래서 그들은 모두들 둥글게 모여 노래하고 박수를 칩니다. 창녀는 엉덩이를 움직이고 있고 아이들은 한없이 신명이 납니다. 이걸 본 수사가 해변으로 달려 내려와 그녀에게 야단을 치고 옷을 입게 하는데, 이윽고 해설자가 말합니다. "그 순간, 어린이들은 오염되었습니다. 그때까지는 순진무구한, 아름다운 그들이었습니다."

이것은 예사로운 문제가 아닙니다. 내가 아는 예수회원 중에 보수적인 편인 인도 선교사가 있는데, 나의 워크숍에 왔다가 내가 이 주제를 이틀에 걸쳐 펼쳐 나가자 괴로워져서, 이틀째 밤에 날 찾아왔습니다. "토니, 당신 이야기를 듣고 있자니 괴롭기가 이루 말할 수가 없소." "왜요, 스탠?" "당신은 내가 이십오 년 동안 억압했던 문제, 소름 끼치는 의문을 내 안에 되살리고 있소. 나는 거듭 자문했소. 내가 사람들을 그리스도인으로 만듦으로써 오염시키지 않았는가?" 이 예수회원은 여러분이 자유주의자라고 보는 사람들 중의 하나가 아니었습니다. 경건한 정통파 신자로서 보수적인 사람이었습니다. 그런데 그가 행복하고 사랑스럽고 소박하고 티 없는 사람들을 그리스도인으로 만듦으로써 오염시켰다고 느낀 겁니다.

부인과 함께 남지나해 섬들에 간 미국인 선교사들은 여자들이 맨 가슴으로 교회에 오는 걸 보고 질겁을 했습니다. 선교사 부인들은 여자들이 더 품위 있는 복장을 갖춰야 한다고 주장했고, 그래서 선교사들은 그들에게 입을 셔츠를 주었습니다. 다음 일요일에 그들은 편안하고 통풍이 잘 되도록 셔츠에다 두 구멍을 오려 내고는 입고 왔습니다. 그들이 옳았죠. 선교사들이 틀렸죠.

자 … 닐에게로 되돌아가죠. "나는 천재가 아니다. 어린이들의 발걸음을 지도하기를 거부하는 사람일 뿐이다." 그런데 그렇다면 원죄는? "어린이마다 그 안에 한 신이 있다, 어린이를 틀에 맞추려는 우리의 시도들은 그 신을 악마로 바꾸어 놓는다. … 나는 어린이들이 스스로 가치들을 형성하게 하는데, 그 가치들은 한결같이 선하고 사회적이다." 여러분은 이 말을 믿을 수 있습니까? 한 어린이가 사랑받고 있다고 느낄 때 — 즉, 너는 내 편이라고 느낄 때 — 그는 오케이인 겁니다. 이제는 폭력을 경험하지 않죠. 두려움이 없고, 그래서 폭력도 없는 겁니다. 자기가 대우받은 대로 남을 대우하기 시작하는 겁니다.

여러분, 그 책을 꼭 읽어 보십시오. 성스런, 정말 성스런 책입니다. 읽으십시오. 그 책은 내 삶과 내가 사람들을 대하는 일에 혁신을 가져왔습니다. 나는 기적들을 보기 시작했습니다. 경쟁·비교·"그건 충분히 좋지 않아" 등, 내 안에 깊이 배어 있던 자기 불만을 보기 시작했습니다. 그런 것들이 나를 떠밀지 않았던들 지금의 내가 되지는 않았으리라고 반박하실지 모르겠습니다. 그 모든 떠미는 것들이 나에게 필요했을까요? 그리고 아무튼, 누가 지금의 나 같은 사람이 되기를 원하나요? 내가 원하는 건 행복한 사람, 거룩한 사람, 사랑하는 사람, 평화로운 사람, 자유로운 사람, 사람다운 사람입니다.

싸움들이 어디서 오는지 아십니까? 우리 안에 있는 갈등을 바깥으로 투사하는 데서 옵니다. 내적 자기 갈등이 없는 한 개인을 보여 주십시오. 그러면 내면에 폭력이 없는 한 개인을 보여 드리겠습니다. 그 사람 안에는 효과적인, 심지어 냉혹하기까지 한 행동이 있겠지만 미움은 없습니다. 그가 행동할 때는 외과 의사처럼 행동합니다. 그가 행동할 때는 애정을 가지고 정신 지체아들을 가르치는 교사처럼 행동합니다. 아이들을 탓하지 않고 이해하되 사정없이 행동에 뛰어듭니다. 반면에, 자신의 증오와 자신의 폭력을 덮어 둔 채 행동에 뛰어들 때는 잘못에 잘못을 덮친 겁니다. 불난 집에 부채질 격이죠. 물난리에 물 붓는 짝이죠. 닐의 말을 반복하겠습니다. "어린이마다 그 안에 한 신이 있다. 어린이를 틀에 맞추려는 우리의 시도들은 그 신을 악마로 바꾸어 놓는다. 어린이들이 우리 학교에 올 때는 세상을 미워하고, 파괴적이고, 버릇없고, 거짓말하고, 도둑질하고, 성질이 고약한 작은 악마들이다. 육 개월 후에는 그들이 악을 행하지 않는 행복하고 건강한 어린이들이 된다. 그리고 나는 천재가 아니다. 어린이들의 발걸음을 지도하기를 거부하는 사람일 뿐이다. 나는 어린이들이 스스로 가치들을 형성하게 하는데, 그 가치들은 한결같이 선하고 사회적이다. 착한 사람들을 만든다는 종교는 사람들을 나쁘게 만들지만, 자유라는 종교는 모든 사람들을 착하게 만든다. 그것은 사람들을 악마로 만드는 내적 갈등을 ('내적'이라는 말은 내가 덧붙였습니다) 부수어 버리기 때문이다."

닐은 또 말합니다. "한 어린이가 서머힐에 오면 내가 맨 먼저 하는 일은 그 양심을 부수는 일이다." 이게 무슨 말을 하려는 건지 난 알겠는데 그러니 여러분도 아마 아시겠죠. 의식이 있을 때는 양심이 필요 없습니다. 감수성이 있을 때는 양심이 필요 없습니다. 폭력적이지 않죠. 두려워하지 않죠. 어쩌면 여러분은 이것이 성취 불가능한 이상이라고 생각할지 모릅니다. 글쎄요, 그 책을 읽으십시오. 악의 뿌리는 자기 안에 있다는 이 진리를 문득 깨닫는 사람들을 나는 여기저기서 만납니다. 이것을 이해하기 시작할 때, 자신에 대한 요구와 기대들을 멈추고, 자신을 밀어붙이기를 멈추고, 이해하게 됩니다. 건전한 좋은 음식을 섭취하십시오. 실제로 먹는 음식 얘기가 아닙니다. 저녁놀, 자연, 좋은 영화, 좋은 책, 즐거운 일, 유쾌한 사귐

얘깁니다. 바라건대 저 다른 느낌들의 중독은 끊어 버리시기를.

　자연과 접할 때 혹은 사랑하는 일에 몰두할 때 어떤 느낌이 옵니까? 혹은 매달림이 없이 터놓고 친밀하게 함께 있기가 즐거운 그런 사람과 진정으로 대화 중일 때는? 그런 때는 어떤 느낌이 있습니까? 그런 때의 느낌들을 다른 때의 느낌들과 비교해 보십시오 — 논쟁에서 이길 때, 혹은 경주에서 이길 때, 혹은 유명해질 때, 혹은 인기를 얻을 때, 혹은 자자한 칭송을 받을 때 등등. 나는 후자를 세상 느낌들, 전자를 영혼 느낌들이라 부릅니다. 수많은 사람들이 세상은 얻고 영혼은 잃습니다. 수많은 사람들이 영혼이 없는 공허한 삶을 삽니다. 인기 · 인정 · 칭찬, "나도 오케이, 너도 오케이"를 음식 삼기 때문입니다. 날 봐 다오, 날 좀 보소, 날 지지해 다오, 날 높이 평가해 다오를 양식 삼기 때문입니다. 우두머리가 되기, 권력 잡기, 경주에 이기기를 먹고 살기 때문입니다. 여러분도 그런 걸 먹고 삽니까? 그렇다면 죽은 겁니다. 영혼을 잃은 겁니다. 다른 더 좋은 영양을 섭취하십시오. 그러면 변화를 보실 겁니다. 내가 여러분에게 삶을 위한 온전한 설계를 제시해 드린 게 아닙니까?